Gestão de serviços
e operações portuárias e aeroportuárias

Gestão de serviços
e operações portuárias e aeroportuárias

Johny Henrique
Magalhães Casado

Rua Clara Vendramin, 58 . Mossunguê
CEP 81200-170 . Curitiba . PR . Brasil
Fone: [41] 2106-4170
editora@intersaberes.com
www.intersaberes.com

Conselho editorial Dr. Alexandre Coutinho Pagliarini | Drª. Elena Godoy | Dr. Neri dos Santos | Dr. Ulf Gregor Baranow

Editora-chefe Lindsay Azambuja

Gerente editorial Ariadne Nunes Wenger

Assistente editorial Daniela Viroli Pereira Pinto

Edição de texto Guilherme Conde Moura Pereira | Fábia Mariela De Biasi | Larissa Carolina de Andrade

Capa Charles Leonardo da Silva (design) | StreetonCamara, Tungphoto, Sylwia Brataniec, Pakorn Khantiyaporn, Aun Photographer, phive, algre, stefan11 e junpiiiiiiiiii/Shutterstock (imagem)

Projeto gráfico Raphael Bernadelli | Sílvio Gabriel Spannenberg

Diagramação e designer responsável Iná trigo

Iconografia Regina Claudia Cruz Prestes

Dados Internacionais de Catalogação na Publicação (CIP)
(Câmara Brasileira do Livro, SP, Brasil)

Casado, Johny Henrique Magalhães
 Gestão de serviços e operações portuárias e aeroportuárias/ Johny Henrique Magalhães Casado. Curitiba: InterSaberes, 2022.
 Bibliografia.
 ISBN 978-65-5517-374-1

 1. Aeronáutica comercial 2. Aeroportos – Administração – Brasil 3. Aeroportos – Planejamento 4. Operações portuárias 5. Portos – Administração – Brasil 6. Transporte marítimo I. Título.

21-84797   CDD-387.70981
                                                                                        -387.10981

Índices para catálogo sistemático:

1. Brasil: Gestão aeroportuária   387.70981
2. Brasil: Gestão portuária   387.10981

Cibele Maria Dias – Bibliotecária – CRB-8/9427

1ª edição, 2022.

Foi feito o depósito legal.

Informamos que é de inteira responsabilidade do autor a emissão de conceitos.

Nenhuma parte desta publicação poderá ser reproduzida por qualquer meio ou forma sem a prévia autorização da Editora InterSaberes.

A violação dos direitos autorais é crime estabelecido na Lei n. 9.610/1998 e punido pelo art. 184 do Código Penal.

Sumário

Apresentação, 7

Como aproveitar ao máximo este livro, 9

1 **Introdução à gestão de portos e de aeroportos, 15**

   1.1 Modelos de gestão de portos, 19

   1.2 Modelos de gestão de aeroportos, 33

   1.3 Órgãos internacionais ligados a operações portuárias, 41

   1.4 Órgãos internacionais ligados a operações aeroportuárias, 52

2 **Trabalho portuário, 57**

   2.1 Principais cargos e funções da atividade portuária, 60

   2.2 A Constituição Federal e as garantias aos trabalhadores portuários, 78

   2.3 Trabalhadores avulsos na atividade portuária, 83

   2.4 Condições de trabalho e prevenção de acidentes no setor portuário, 88

   2.5 Medicina e saúde do trabalhador portuário, 90

3 Regulamentação, administração, trabalho e serviços em aeroportos, 101

3.1 Atuação da Organização da Aviação Civil Internacional (Oaci), 104

3.2 Administração de aeroportos, 112

3.3 A Infraero no Brasil e sua atuação, 119

3.4 Principais organizações que atuam em uma operação aeroportuária, 126

4 Tecnologias, máquinas e equipamentos utilizados na gestão de portos e aeroportos, 145

4.1 Máquinas e equipamentos nos portos, 147

4.2 Máquinas e equipamentos nos aeroportos, 178

5 Ferramentas para gestão de portos e de aeroportos, 189

5.1 Análise de SWOT, 192

5.2 Elaboração de planos de negócios, 206

5.3 Mecanismos de coordenação, 217

5.4 Mapeamento de processos, 221

6 Principais tecnologias, sistemas e indicadores para a gestão de portos e de aeroportos, 227

6.1 Vantagens competitivas e tecnologias em portos e aeroportos, 230

6.2 Questão ambiental em portos e aeroportos, 245

6.3 Indicadores de eficiência em portos e aeroportos, 245

Considerações finais, 265

Referências, 267

Bibliografia comentada, 279

Sobre o autor, 281

Apresentação

A GESTÃO DE SERVIÇOS E OPERAÇÕES PORTUÁRIAS E AERO-portuárias apresenta inúmeras especificidades que precisam ser consideradas por gestores e profissionais dessas áreas. São muitas as atividades relacionadas às operações que ocorrem em portos e em aeroportos, de modo que há, também, uma grande diversidade de fatores que podem impactar diretamente a eficiência e a eficácia dessas operações.

Operações portuárias e aeroportuárias podem envolver o trânsito de pessoas e de mercadorias. Diversos órgãos, nacionais e internacionais, e variadas organizações utilizam o espaço dos portos e dos aeroportos para prestar seus serviços, aumentando, assim, sua complexidade e exigindo uma efetiva preparação de seus gestores.

Neste livro, abordaremos os principais conceitos relacionados aos serviços prestados em portos e em aeroportos. É importante ressaltar, ainda, que esses serviços devem seguir legislações nacionais e internacionais que interferem nas organizações do setor.

Como aproveitar ao máximo este livro

ESTE LIVRO TRAZ ALGUNS RECURSOS QUE VISAM ENRIQUECER o seu aprendizado, facilitar a compreensão dos conteúdos e tornar a leitura mais dinâmica. São ferramentas projetadas de acordo com a natureza dos temas que vamos examinar. Veja a seguir como esses recursos se encontram distribuídos no decorrer desta obra.

Conteúdos do capítulo

Logo na abertura do capítulo, relacionamos os conteúdos que nele serão abordados.

Após o estudo deste capítulo, você será capaz de:

Antes de iniciarmos nossa abordagem, listamos as habilidades trabalhadas no capítulo e os conhecimentos que você assimilará no decorrer do texto.

Introdução do capítulo

Logo na abertura do capítulo, informamos os temas de estudo e os objetivos de aprendizagem que serão nele abrangidos, fazendo considerações preliminares sobre as temáticas em foco.

O que é

Nesta seção, destacamos definições e conceitos elementares para a compreensão dos tópicos do capítulo.

Exemplificando

Disponibilizamos, nesta seção, exemplos para ilustrar conceitos e operações descritos ao longo do capítulo a fim de demonstrar como as noções de análise podem ser aplicadas.

Exercícios resolvidos

Nesta seção, você acompanhará passo a passo a resolução de alguns problemas complexos que envolvem os assuntos trabalhados no capítulo.

Perguntas & respostas

Nesta seção, respondemos a dúvidas frequentes relacionadas aos conteúdos do capítulo.

Para saber mais

Sugerimos a leitura de diferentes conteúdos digitais e impressos para que você aprofunde sua aprendizagem e siga buscando conhecimento.

Curiosidade

Nestes boxes, apresentamos informações complementares e interessantes relacionadas aos assuntos expostos no capítulo.

Síntese

Ao final de cada capítulo, relacionamos as principais informações nele abordadas a fim de que você avalie as conclusões a que chegou, confirmando-as ou redefinindo-as.

Estudo de caso

Nesta seção, relatamos situações reais ou fictícias que articulam a perspectiva teórica e o contexto prático da área de conhecimento ou do campo profissional em foco com o propósito de levá-lo a analisar tais problemáticas e a buscar soluções.

Bibliografia comentada

Nesta seção, comentamos algumas obras de referência para o estudo dos temas examinados ao longo do livro.

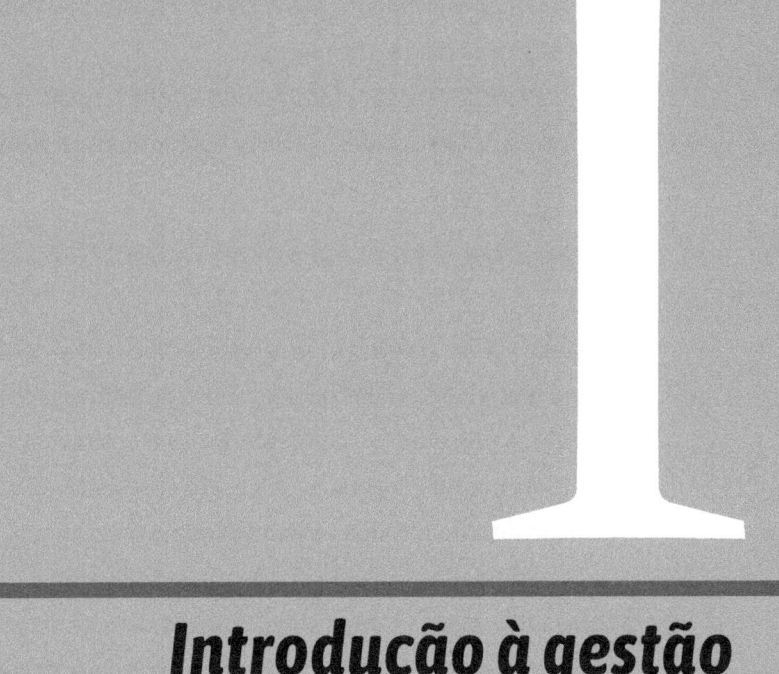

1
Introdução à gestão de portos e de aeroportos

Conteúdos do capítulo

> Principais conceitos das gestões de portos e de aeroportos.
> Tipos de proprietários de portos e de aeroportos.
> Órgãos internacionais relacionados às gestões portuária e aeroportuária.

Após o estudo deste capítulo, você será capaz de:

1. compreender os principais conceitos aplicados na gestão de portos e de aeroportos;
2. elencar os principais órgãos internacionais que determinam normas e legislações relacionadas às operações de portos e de aeroportos;
3. detalhar as especificidades das normas de qualidade aplicadas a portos e a aeroportos;
4. identificar os órgãos internacionais que influenciam os processos de decisão dos gestores portuários e aeroportuários.

AS OPERAÇÕES PORTUÁRIAS E AEROPORTUÁRIAS ENVOLVEM diversas atividades de processamento de informações relacionadas aos passageiros, às mercadorias e aos transportes em variados modais. Por isso, sua gestão apresenta-se como um enorme desafio a todos os profissionais que atuam no setor.

As atividades incluem desde a gestão do porto e do aeroporto até a atuação do grande número de organizações que orbitam esses espaços. Portanto, essa realidade de múltiplos atores torna esse setor mais complexo.

Um importante ponto da gestão de portos e de aeroportos são os diversos serviços prestados nesses ambientes, sendo os principais:

> guiar navios e aeronaves para os locais de embarque e desembarque de passageiros e mercadorias;
> realizar o desembaraço de mercadorias, permitindo sua nacionalização, e os processos necessários para seu envio ao exterior;
> promover e atender às normas de segurança de funcionamento de portos e aeroportos;
> realizar processos de inspeção e segurança e demais trâmites sanitários, para garantir um bom ambiente de trabalho a todos os envolvidos;
> organizar ambientes e espaços destinados aos órgãos intervenientes que atuam, diretamente, nas atividades portuárias e aeroportuárias;
> prestar serviços de transporte terrestre de mercadorias e serviços para os efetivos embarque e desembarque de navios e de aeronaves durante suas operações;
> realizar e organizar os trâmites burocráticos concernentes ao trânsito de mercadorias e de pessoas.

Em suma, são muitas as atividades relevantes nos setores de portos e de aeroportos, o que eleva seu grau de complexidade e origina diversos desafios para gestores e profissionais (Ashford et al., 2015).

> **O que é**
>
> **Processos de gestão** estão relacionados à forma como a organização é administrada pelos profissionais que a conduzem. Há diversos tipos de processos de gestão, e cabe a cada profissional definir quais são mais adequados a seus negócios.

A governança portuária e aeroportuária pode ser definida como um mecanismo utilizado para "coordenar as relações existentes entre os atores nos processos operacionais da cadeia logístico portuária. [sic] Em busca do melhoramento contínuo, aumento a eficiência e a eficácia dos fluxos logísticos e consequentemente a competitividade do porto" (Vieira; Fialho, 2018, p. 2).

O processo de evolução pelo qual passam os portos e os aeroportos, no Brasil e no mundo, também acabam por dotá-los de maior complexidade. Assim, faz-se necessário considerar que

> Ao lado dessa evolução, ocorreram avanços tecnológicos das famílias de navios (navios maiores, mais sofisticados e especializados), exigindo a adequação dos terminais portuários com equipamentos de manuseio de mercadorias avançados e a incorporação de modernas tecnologias de informação. Dessa forma, se apresenta um novo perfil de trabalhador portuário, mais capacitado e em número bem menor que no passado. (Santos; Robles, 2015, p. 17)

Compreender como as mudanças ocorrem nos portos também auxilia a entender como a mesma evolução acontece nas organizações aeroportuárias. Nas últimas décadas, houve inúmeras mudanças quanto à inserção de novas tecnologias nessas operações, quanto ao tamanho das aeronaves e quanto ao ambiente paralegal.

1.1 Modelos de gestão de portos

Os portos consistem em entidades complexas e dinâmicas, normalmente distintas entre si, "onde várias atividades são realizadas por e para diferentes atores e organizações. Tal multifacetada situação tem levado a uma variedade de abordagens operacionais, organizacionais e estratégicas aplicáveis aos portos" (Milani et al., 2015, p. 3).

Exemplificando

Em linhas gerais, os gestores são responsáveis por coordenar os complexos sistemas portuários e tornar as operações mais eficientes e eficazes para todos os *stakeholders*.

Em meados dos anos 1990, a gestão portuária estruturou-se em quatro modelos de gestão:

1. *service port*;
2. *tool port*;
3. *landlord port*;
4. *private port*.

No Quadro 1.1, estão esquematizadas as principais características de cada um desses modelos.

Quadro 1.1 – **Principais características dos modelos de gestão portuária**

	Service port	Tool port	Landlord port	Private port
Investimento em infraestrutura portuária	Público	Público	Público	Privado
Investimento em superestrutura	Público	Público	Privado	Privado
Investimento em equipamentos	Público	Público	Privado	Privado
Operação portuária	Público	Privado	Privado	Privado
Administração do porto	Público	Público	Público	Privado
Propriedade dos ativos	Público	Público	Público	Privado

Fonte: Elaborado com base em The Word Bank, 2007.

Nesses modelos, há uma ampla gama de opções no que diz respeito à forma específica "que as parcerias público-privadas podem assumir. Isso pode afetar significativamente a agilidade e capacidade de resposta de prestadores de serviços, sua orientação para o mercado e eficiência e autonomia na tomada de decisões" (Word Bank, 2007, p. 11, tradução nossa).

O modelo de gestão denominado *service port* é caracterizado por uma gestão pública integral da organização portuária. Com isso, cabe ao Poder Público oferecer todos os serviços necessários ao funcionamento do porto, provendo, assim, recursos para a modernização de sua estrutura.

Segundo Degasperi, Zilli e Vieira (2016, p. 3), nesse modelo

> O porto possui, mantém e opera todos os ativos disponíveis (fixo e móvel), e as atividades de movimentação de carga são executadas através de uma mão de obra aplicada de forma direta pela AP. Os *Services Ports* geralmente são controlados pelo Ministério de Transportes (ou parte dele) e o presidente (ou diretor-geral) é um funcionário público

nomeado diretamente pelo ministro em operação. Dessa forma, todos os investimentos e receitas relacionados às atividades realizadas são de responsabilidade do Estado.

Muitos países, inclusive o Brasil, ainda apresentam organizações portuárias que adotam a gestão do tipo *service port*. Entretanto, percebe-se que, com as mudanças ocorridas nas últimas décadas, esse modelo tem-se alterado cada vez mais, permitindo, assim, que a iniciativa privada passe a investir na administração dessas organizações. Esse modelo enfrenta, também, o mesmo problema de escassez de recursos que a grande maioria das administrações centrais. Por isso, a sociedade tem cobrado, de modo efetivo, que tais organizações deixem de consumir recursos públicos e passem a ser administradas pela iniciativa privada (Milani et al., 2015).

Exercício resolvido

Assinale a alternativa que apresenta o modelo de gestão dos portos administrados, exclusivamente, pela Administração Pública:
a) *Service port*.
b) *Tool port*.
c) *Landlord port*.
d) *Private port*.

Gabarito: A

Feedback do exercício: No modelo de gestão denominado *service port*, a Administração Pública assume a gestão da organização portuária integralmente, tal que o Poder Público oferece todos os serviços necessários ao funcionamento do porto.

O modelo *tool port* é caracterizado pela responsabilidade de a autoridade portuária – de origem pública – realizar o desenvolvimento e a manutenção da infraestrutura portuária – incluindo toda a parte da superestrutura necessária à manutenção – e, também, efetuar a compra e a manutenção de todos os equipamentos e de todas as cargas essenciais. Já a movimentação das cargas nos navios, no avental e no cais, é realizada por organizações de origem privada.

As empresas privadas que atuam nas organizações portuárias de portos administrados de modelo *tool port* são contratadas pelos agentes marítimos, que organizam o processo de movimentação e vendem esse serviço às organizações exportadoras e importadoras.

O principal problema de gestão das operações no modelo *tool port* é a definição das responsabilidades existentes entre as administrações públicas e privadas. Nesse sentido, é necessário que essa divisão ocorra de modo positivo e eficaz, não podendo, por exemplo, envolver conflitos que prejudiquem as operações. As iniciativas pública e privada devem procurar trabalhar em conjunto, para que, assim, a operação seja dotada de eficiência e eficácia.

Para Degasperi, Zilli e Vieira (2016, p. 4), o modelo "*Tool Port* se torna atrativo para exploração privada, já que os investimentos iniciais bem como os riscos são baixos (considerando que o poder público é o responsável pelo grande capital inicial)". Outra vantagem percebida na adoção do modelo de gestão *tool port* é a regulamentação da estrutura portuária: trata-se de uma regulamentação menos extensa e menos complexa, já que não existe transferência de ativos públicos e de suas responsabilidades para a iniciativa privada.

O *landlord port* despontou como um dos principais modelos de gestão a partir do aumento do transporte de cargas marítimas durante a década de 1990. Como as administrações públicas não conseguiam suprir as demandas crescentes, surgiu e se proliferou esse modelo, em que "a autoridade portuária atua como órgão regulamentador e como proprietário, enquanto as operações portuárias de movimentação de carga (especialmente) são realizadas por empresas privadas" (Degasperi; Zilli; Vieira, 2016, p. 3).

Nesse modelo de gestão, todas as operações dos portos ocorrem sob a responsabilidade de empresas privadas, que são as detentoras das concessões de administração das organizações portuárias.

Por meio dessa concessão, é possível explorar comercialmente as instalações e os serviços públicos existentes, obtendo, assim, retornos financeiros. Com relação às responsabilidades, cabe às empresas públicas a realização de investimentos em superestrutura, em máquinas e em equipamentos, embora a estrutura seja de propriedade do governo.

É importante, ainda, considerar a responsabilidade do governo, detentor do direito de administrar a operação portuária, de realizar um processo que conceda o direito sobre essas operações a uma organização privada. Em linhas gerais, esse direito é concedido por um período previamente definido. Ao fim do contrato de concessão, o Poder Público ou realiza uma nova concessão à iniciativa privada, podendo ser, inclusive, à mesma empresa que tinha esse direito, ou assume as operações da entidade portuária.

No modelo de gestão *landlord port*, "a mesma companhia que tem a posse e mantém os equipamentos também é responsável pela operação dos mesmos [sic], o que facilita um planejamento e adaptações melhores ao mercado" (Milani et al., 2015, p. 4). Entretanto, é possível que o desenvolvimento de dois ou mais operadores privados ocasione excesso de capacidade, o que pode prejudicar a operação.

A adoção do modelo de *landlord port* é muito difundida entre os países, principalmente entre organizações portuárias de médio e grande portes, como exemplos

> podem ser citados os portos das cidades de Roterdã (Holanda), Antuérpia (Bélgica), Nova Iorque (EUA) e, desde 1997, o Porto de Cingapura. Os portos da Espanha também seguem o modelo *Landlord*, mas suas administrações portuárias possuem uma política de autofinanciamento [...], essas AP são empresas estatais que não recebem nenhum subsídio direto do governo federal espanhol; suas despesas são cobertas pelas próprias receitas, por subsídios específicos da União Europeia e, ocasionalmente, por empréstimos externos. (Villela, 2013, p. 23)

No Brasil, nem sempre as administrações portuárias são 100% públicas. Portanto, existe uma ressalva quando há esse tipo de gestão em organizações que adotam o modelo *landlord port*, que, atualmente, é o modelo escolhido pelo governo brasileiro para a gestão de novas organizações portuárias. Segundo Souza (2020), "Nesse modelo a infraestrutura do porto é provida pelo Estado, e o setor privado fica responsável pelo fornecimento de superestrutura e pela realização das operações portuárias, por meio de arrendamentos (concessões)". Portanto, há transferências da administração do porto para a iniciativa privada, seja por parte do Governo Federal, representado pela União, seja por parte dos governos estaduais e municipais.

A fim de fornecer uma separação clara entre política e responsabilidades regulatórias, quando se trata do modelo de gestão *landlord port*, deve ser elaborada uma estrutura institucional em três níveis, que deve funcionar de modo eficaz, garantindo que, em eventuais conflitos de responsabilidade entre as partes pública e privada, os clientes das operações portuárias não sejam penalizados. Por exemplo, partindo do pressuposto de que as reformas na operação portuária resultaram em um acordo do proprietário do porto (Poder Público) com atividades comerciais totalmente realizadas por operadores privados, a nova supervisão pública deve desenvolver, durante o período que durar a concessão pública, três importantes atividades:

1. Um órgão central composto de representantes seniores de ministérios relevantes, de municípios de cidades portuárias e de autoridades portuárias deve trabalhar na criação de uma política portuária nacional com um planejamento estratégico para todo o período da concessão, no qual é importante estabelecer os principais regulamentos do setor a serem aplicados pelas autoridades portuárias privadas que administrarão a organização e toda a estrutura portuária no período (The World Bank, 2007).

2. As autoridades portuárias – instituições públicas autônomas ou sociedades anônimas públicas – podem gozar do direito de usar terras estatais onde estão localizadas as organizações portuárias. São garantidos, também, os direitos de administrar, manter e desenvolver ativos de infraestrutura portuária; de gerenciar e garantir a segurança da navegação dos navios ao longo do perímetro portuário; de fazer cumprir os regulamentos de proteção ambiental; de monitorar as concessões e os arrendamentos que regem as atividades do setor privado na área do porto; e de comercializar as atividades relacionadas ao porto, a fim de atrair novos clientes e investidores (The World Bank, 2007).
3. As empresas operacionais privadas devem promover e realizar atividades comerciais relacionadas à gestão e ao manuseio de tráfego de carga, assim como comercializar seus serviços, para atrair novos usuários para as operações portuárias (The World Bank, 2007).

No cenário em que ocorre o desenvolvimento do modelo de gestão *landlord port*, cabe ao órgão nacional que regula toda a atividade portuária no país exercer três funções-chave:

1. Elaborar as regras básicas de participação aplicadas por todas as entidades públicas e privadas – com isso, torna-se possível estabelecer o aspecto legal e, também, as responsabilidades de cada um.
2. Regulamentar as funções da autoridade portuária de origem pública – principalmente quanto ao tipo de estrutura que apresentam e à política de preços que aplicam.

3. Ser um órgão que preze pela resolução de conflitos entre os operadores comerciais privados, a autoridade portuária local e as demais organizações envolvidas – portanto, o órgão nacional assume a função de órgão regulador de eventuais disputas.

O que é

O **Porto de Itapoá** é um dos principais portos privados do Brasil, sendo fundamental para o escoamento das produções agrícolas dos estados do Paraná e de Santa Catarina.

O último modelo de gestão na atividade portuária é o *private port*, considerado o extremo do modelo de gestão *service port*. Nesse modelo, a iniciativa privada assume todas as responsabilidades sobre a gestão, a operação e as atividades da organização portuária. Nesse caso, a iniciativa privada é dotada de grande autonomia na administração da organização portuária. Portanto, cabe-lhe a resolução de todos os problemas de ineficiência apresentados durante as operações.

Com relação à gestão portuária no modelo *private port*, é importante salientar:

> Por questões estratégicas (portos geralmente são fundamentais para o crescimento econômico do país) e também por questões de segurança nacional, são raros os países que aderiram a este modelo totalmente privado. Alguns desses raros exemplos podem ser encontrados no Reino Unido e na Nova Zelândia. Apesar das questões negativas,

o Reino Unido optou pelo *Fully Privatized Port* para incentivar a modernização das instituições e instalações, alcançar estabilidade e metas financeiras (com o aumento do investimento privado), e alcançar certa estabilidade trabalhista (apesar de ser um mercado desregulado), contando com grande participação de trabalhadores nas empresas portuárias. (Villela, 2013, p. 24)

Considerando essas especificidades, é necessário ressaltar que nem sempre a adoção de uma gestão portuária estritamente privada é exitosa. Por isso, devem ser analisadas as possibilidades disponíveis para que a operação não sofra nenhum tipo de paralisia após sua implementação.

Perguntas & respostas

Você sabe quais, entre os modelos de gestão das operações portuárias, são completamente opostos?

Os modelos de gestão portuária *service port* e *private port* são completamente opostos. Ao passo que o primeiro é de administração exclusiva do Poder Público, o segundo é administrado apenas pela iniciativa privada.

A adoção do modelo de gestão da organização portuária deve avaliar a capacidade de investimento da iniciativa privada e a demanda por serviços portuários. Ao optar por transmitir à iniciativa privada a função de gerir portos, deve-se verificar a existência de três condições fundamentais:

1. A estratégia de exploração das atividades portuárias em regiões que tenham escassez desse tipo de serviço. Portanto, a localização dos portos deve sopesar as necessidades que o mercado apresenta, seu potencial e as condições do ambiente que receberá tal estrutura.
2. A existência de condições para manter a operação competitiva em longo prazo, já que os investimentos em operações portuárias são muito robustos, deve-se garantir que haverá retornos à iniciativa privada.
3. A regulamentação de parcerias no estilo público-privada, sendo possível garantir benefícios a ambos os parceiros e proporcionar-lhes retornos interessantes.

A análise da gestão portuária precisa considerar a existência de quatro grandes grupos de interesse que orbitam em torno de uma organização portuária: o Poder Público, os operadores portuários, a classe de trabalhadores e, por último, os usuários. Cada um desses grupos tem sua importância para as atividades e, por conseguinte, não pode ser desprezado no momento de definição das políticas para o setor.

No âmbito do Poder Público, estão concentradas as três esferas da Administração Pública: a municipal, a estadual e a federal.

No grupo dos operadores portuários, é possível observar a administração dos portos, os armadores, as instituições portuárias privadas e as demais organizações que circulam, de alguma forma, no ambiente portuário.

O terceiro grupo é composto pela classe dos trabalhadores, dividida em trabalhadores portuários avulsos e trabalhadores portuários com vínculo com as organizações.

O último grupo inclui os usuários dos serviços portuários: as organizações exportadoras, as organizações importadoras, os proprietários das mercadorias transportadas e comercializadas e todos os responsáveis pelos terminais retroportuários da organização portuária.

É importante ainda destacar o *non vessel operator common carrier* (NVOCC), em português, "transportador comum não proprietário de navio". Ele é considerado o transportador efetivo da mercadoria, assumindo, portanto, todos os riscos da operação.

O NVOCC consolida pequenos volumes de mercadorias em um contêiner, acompanha a carga desde o armazém do fornecedor até o porto no destino final e recebe um percentual sobre o valor do frete mais despesas. Ele também realiza todo o processo de consolidação marítima perante órgãos como a Receita Federal do Brasil (RFB) e o Departamento da Marinha Mercante. Os NVOCC compram espaços em navios *full-containers* para embarcar contêineres com cargas consolidadas de diversos clientes. Eles atuam no transporte marítimo de mercadorias, todavia, não são proprietários de navios, senão mantêm um contrato de aluguel do espaço no navio com o armador, chamado de *shot charter*.

Na Figura 1.1, é possível observar cada um dos grupos que formam a estrutura de uma organização portuária no Brasil.

Figura 1.1 – Estrutura organizacional de um porto no Brasil

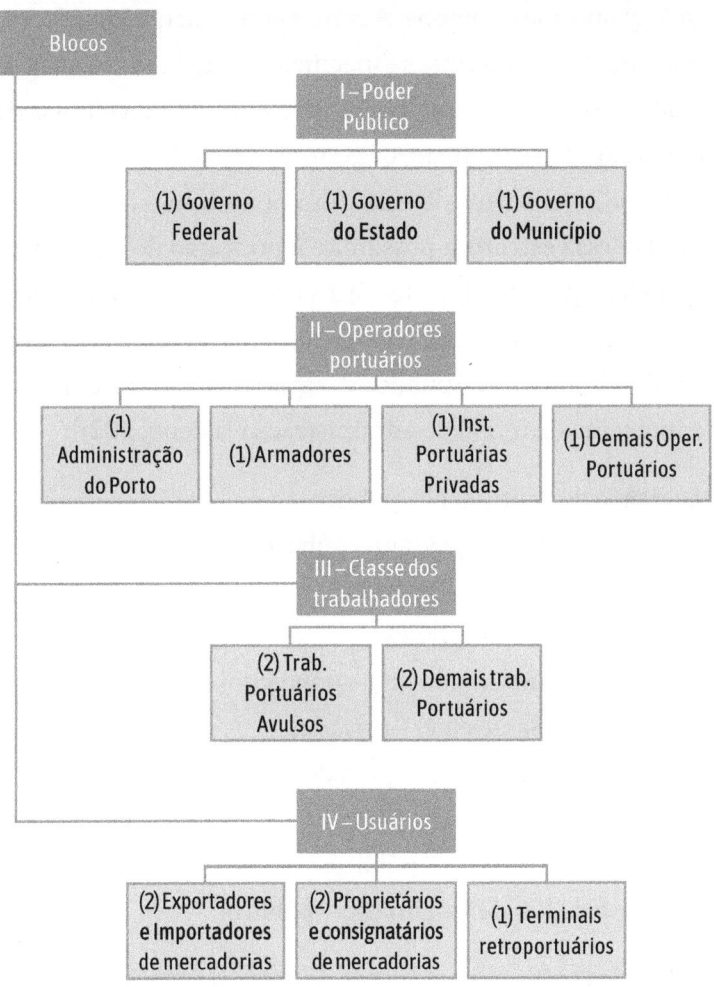

Fonte: Pierdomenico, 2010, p. 18.

Ao analisarmos as informações constantes na Figura 1.1, podemos perceber que uma organização portuária brasileira tem o desafio de compreender o papel e as atividades de cada grupo que a compõe. Assim, é essencial que os gestores interpretem os interesses específicos dos grupos em suas tomadas de decisão, a fim de garantir a eficiência e a eficácia da operação. Nesse contexto, os gestores devem buscar interagir com todas as partes da estrutura organizacional e assegurar que essa estrutura possibilite a prestação de serviços de qualidade para todos os usuários das atividades portuárias.

Em 2019, entre os dez maiores portos do Brasil, a maioria era de administração pública. A seguir, listamos esses portos e indicamos seu tipo de administração (Bueno, 2021):

1. Porto de Santos (SP) – público.
2. Porto de Paranaguá (PR) – público.
3. Porto Itapoá (SC) – privado.
4. Portonave (SC) – privado.
5. Porto de Rio Grande (RS) – público.
6. DP World Santos (SP) – privado.
7. Porto Chibatão (AM) – privado.
8. Porto de Suape (PE) – público.
9. Porto de Itajaí (SC) – público.
10. Porto de Rio de Janeiro (RJ) – público.

Os investimentos privados no setor portuário, no Brasil e no mundo, estão relacionados a dois fatores principais.

O primeiro fator trata da exposição ao risco que o capital privado tem ao realizar esse tipo de investimento. Diante disso, é natural que um modelo de gestão do tipo *private port* seja muito mais arriscado do que uma gestão *tool port*.

Por sua vez, o segundo fator está relacionado à necessidade de regulamentação para o setor, pois, normalmente, pressupõe-se que, quanto maior for a participação pública na administração portuária, menor será a necessidade de regulamentação. Assim, o modelo de gestão *service port* demanda uma regulamentação menor do que o *private port*, por exemplo (The World Bank, 2007).

São vários os pontos legais que precisam ser revistos a fim de buscar uma maior participação da iniciativa privada nos investimentos no setor portuário. O primeiro ponto legal está relacionado às leis do setor. Deve-se buscar o desenvolvimento de leis que sejam claras e que demonstrem as responsabilidades de cada parte nos investimentos.

O seguinte ponto versa sobre a forma dos contratos de concessão. Quaisquer investidores precisam ter clareza sobre o modo como poderão assumir a organização portuária, para que seja possível a realização de investimentos.

O terceiro ponto remete aos regulamentos do setor portuário, ou seja, ao conjunto de disposições que regem as operações diárias.

1.2 Modelos de gestão de aeroportos

Ao analisarmos o modelo de gestão de aeroportos no Brasil e no mundo, também devemos considerar sua propriedade, pois essa é a principal característica que influenciará a forma e o modelo de gestão de suas atividades. Segundo Gonçalves (2010, p. 5),

Não importa que o foco da análise seja institucional, político ou econômico: faz todo sentido examinar a que tipo de propriedade estão submetidos os aeroportos. Infraestruturas aeroportuárias a cargo de uma empresa pública, de uma autarquia ou de um departamento governamental, em tese, são construídas e exploradas sob motivações que extrapolam, ou mesmo ignoram, o fator básico que move a iniciativa privada: obtenção de lucros. No caso de sociedades de economia mista, embora tais entidades devam cumprir as finalidades públicas para as quais foram criadas por lei, é também necessário que apresentem lucratividade, de vez que parte de seu capital pertence a particulares. Estão submetidas, assim, a interesses públicos e privados.

Nesse sentido, são apontados seis modelos de gestão possíveis para os aeroportos, os quais apresentam especificidades que devem ser consideradas mais detidamente. Esses modelos de gestão são os seguintes:

1. administração direta por agência ou por departamento governamental;
2. administração por empresa mista com participação majoritária do Poder Público;
3. administração por empresa mista com participação majoritária do setor privado;
4. administração indireta do Estado por meio de concessão a uma autoridade aeroportuária;
5. administração por consórcio de esferas governamentais;
6. administração por empresa integralmente pública.

Cada um dos modelos apontados tem forte influência do tipo de proprietário das operações aeroportuárias. Por isso, é praticamente impossível discutir modelos de gestão sem considerar os três tipos possíveis de propriedades: pública, mista e privada.

Quando a operação aeroportuária pertence à administração pública, costuma-se apontar que uma falha do mercado é corrigida. Isso acontece porque, mesmo com a demanda de operação de uma organização aeroportuária em determinada região, a iniciativa privada optou por não realizar os investimentos necessários para supri-la.

O que é

Uma **parceria público-privada** ocorre quando a iniciativa privada realiza um investimento em conjunto com algum órgão público. Nesse modelo, cada parte tem responsabilidades específicas.

Considerando a situação em que o Poder Público é o único a investir em uma operação aeroportuária, existe o que, em economia, costuma ser chamado de *viés monopolista* – ou seja, esse tipo de atividade apresenta algumas barreiras que impedem a entrada de novos competidores. Tal viés monopolista tem as seguintes características:

› operação de um único produtor;
› ausência de substituto próximo para determinados produtos e serviços;

> existência de barreiras à entrada, sejam legais, sejam econômicas, sejam políticas;
> tentativa de maximização de lucros, se não sobrevier nenhuma ação do Estado.

Nas operações aeroportuárias, portanto, existe um viés monopolista. Com a exceção do que acontece em grandes cidades, como São Paulo e Rio de Janeiro, não costumamos encontrar dois aeroportos próximos. O planejamento para a construção de aeroportos está relacionado às condições de estruturar operações economicamente saudáveis. Para isso, faz-se necessário um grande mercado consumidor, que possa gerar fluxo de serviços em grande volume.

Quando um aeroporto apresenta uma administração integralmente pública, é possível que atenda às necessidades que não podem ser sanadas pela iniciativa privada. Um exemplo de operação de aeroporto que precisa ser 100% pública é o dos espaços divididos pela aviação civil e pelas operações militares. Nesse caso, a administração virá do Estado, já que o controle das operações militares é uma de suas responsabilidades. Não é possível delegar responsabilidades militares, que são exclusivas do poder estatal, para a iniciativa privada, sob o risco de pôr a defesa da nação nas mãos de interesses privados.

Já as operações mistas, que envolvem o Poder Público e a iniciativa privada, têm sido amplamente utilizadas nas novas operações, tanto no Brasil quanto no mundo. Aeroportos em que se desenvolvem operações mistas apresentam algumas características muito particulares:

> A empresa de propriedade mista deve ter, portanto, capital majoritariamente estatal ou, em tese, estar sujeita, por disposição legal, a formas de controle que permitam ao poder público, mesmo na qualidade de acionista minoritário, ditar procedimentos que lhe pareçam indispensáveis para resguardar o interesse coletivo. A segunda hipótese costuma decorrer de processos de privatização, com os quais o estado [sic] deseja se desfazer de parte do patrimônio e da responsabilidade gerencial, sem, no entanto, deixar de ter voz ativa em decisões capitais da empresa. (Gonçalves, 2010, p. 7)

Uma operação mista somente é possível quando a iniciativa privada, sócia na operação, identifica uma possibilidade de lucro na operação. Com isso, os investimentos necessários para modernizar as operações dos aeroportos são garantidos. Esse tipo de operação permite que o Poder Público, envolvido na operação, assegure que determinados padrões de segurança e de qualidade sejam aplicados.

Na gestão estritamente privada das operações aeroportuárias, não há o envolvimento de nenhum órgão público. Um aeroporto privado pode ser compreendido como aquele cuja operação é "exercida por entidade [privada] capaz de explorar inteiramente às suas expensas a atividade aeroportuária, cobrando preços pelos serviços prestados ou pelos espaços e instalações cedidos a terceiros" (Gonçalves, 2010, p. 8).

Quando se observa a existência de uma operação aeroportuária privada, é importante considerar que o poder público pode atuar de duas formas:

1. Ser o responsável por conceder a operação à iniciativa privada, sendo o proprietário de fato do aeroporto, embora, por algum motivo estratégico, tenha optado por conceder sua administração a uma organização privada.
2. Exercer a fiscalização das operações, pois, mesmo que a operação seja 100% privada, a segurança das pessoas e das mercadorias transportadas por aeroportos privados deve ser garantida.

Em muitos casos, dada a incapacidade do Poder Público de participar das custosas operações aeroportuárias, surge, assim como nos portos, a figura da autoridade aeroportuária com a função de administrar os aeroportos. Quando se trata de uma instalação privatizada, a autoridade aeroportuária realiza a gestão e os investimentos para modernizar essa estrutura. Assim, cada vez mais discute-se a participação privada na gestão dos aeroportos. Segundo Fiuza e Pioner (2009, p. 14):

> escolher entre privatizar ou não traz um *trade-off* (um dilema). De um lado, a privatização eleva o custo para o oficial público em induzir a empresa, via regulação, para servir a objetivos legítimos de interesse público. Isso é um obstáculo à coordenação da informação do oficial público com a dos proprietários para alcançar o resultado socialmente preferido. Por outro lado, a privatização, ao eliminar o controle direto do Ministro sobre a empresa, limita a capacidade do Ministro de redirecionar as atividades da firma para fazer prevalecer sua própria agenda ou as pressões

políticas de curto prazo às expensas da eficiência do mercado. Se o primeiro efeito é mais importante, o *trade--off* é resolvido em favor da empresa pública. Se o último efeito é maior (o sistema político pode estar funcionando mal, por exemplo), a privatização é preferível.

Ao Estado, não cabe apenas privatizar as operações públicas, livrando-se, assim, da necessidade de realizar investimentos. Ao contrário, é necessário que o Estado possa acompanhar de perto essas operações, a fim de que os usuários tenham à sua disposição serviços de qualidade. O Estado tem, portanto, a função de atuar como uma entidade reguladora da qualidade dos serviços.

Nesse sentido, Yosimoto et al. (2016, p. 261) afirmam:

> a lógica do modelo concessório de contratação favorece a celeridade na realização dos investimentos, sem prejuízo da qualidade de serviço exigida na prestação de um serviço público.
>
> Os contratos de concessão de serviço público são contratos de resultado. Neles, o Estado concentra mais esforços na definição dos parâmetros de qualidade com os quais o serviço deve ser prestado e não na forma como será operacionalizada a prestação do serviço. Com isso, há mais liberdade para que o agente privado incorpore inovações, especialmente nos projetos de engenharia, o que acaba por favorecer a contínua modernização do setor.

A garantia da segurança e da qualidade são primordiais nas operações aeroportuárias. Por isso, o Poder Público deve atuar para que essa qualidade seja mantida pela iniciativa privada. No Brasil, após os programas de concessão realizados em razão da Copa do Mundo de Futebol e dos Jogos Olímpicos do Rio de Janeiro, observa-se que a maioria das grandes operações aeroportuárias é administrada pela iniciativa privada (Quadro 1.2).

Quadro 1.2 – *Principais aeroportos brasileiros em 2019, suas localidades e seus modelos de gestão*

Posição	Aeroporto	Cidade	Autoridade aeroportuária
1	Aeroporto Internacional de São Paulo – Guarulhos	Guarulhos	Privada
2	Aeroporto de São Paulo – Congonhas	São Paulo	Pública
3	Aeroporto Internacional de Brasília	Brasília	Privada
4	Aeroporto Internacional Tom Jobim – Rio Galeão	Rio de Janeiro	Privada
5	Aeroporto Internacional de Belo Horizonte – Confins	Belo Horizonte	Privada
6	Aeroporto Internacional de Viracopos – Campinas	Campinas	Privada
7	Aeroporto Internacional do Rio de Janeiro – Santos Dumont	Rio de Janeiro	Pública
8	Aeroporto Internacional de Recife – Guararapes	Recife	Privada
9	Aeroporto Internacional de Porto Alegre – Salgado Filho	Porto Alegre	Privada
10	Aeroporto Internacional de Salvador – Dep. Luiz Eduardo Magalhães	Salvador	Privada

Todos os aeroportos que aparecem como privados são concessões realizadas pelo Poder Público.

Fonte: Elaborado com base em Anac, 2018.

A análise do Quadro 1.2 permite conhecer a realidade das principais operações aeroportuárias do Brasil. Vale salientar, ainda, que, antes dos programas de concessão realizados como preparativos para os grandes eventos esportivos sediados no país, a realidade era muito diferente, pois a totalidade dos aeroportos contava com administração e gestão do Poder Público.

Existem, ainda, diversos estudos que avaliam se esse é o melhor modelo de operação existente e se são necessários ajustes. Entretanto, é importante que se desenvolvam análises mais acuradas, para que qualquer conclusão a respeito do tema seja possível.

1.3 Órgãos internacionais ligados a operações portuárias

A análise das operações de portos e aeroportos não pode ser realizada sem considerar a importância dos órgãos nacionais e internacionais que atuam para garantir que estas sejam harmônicas e seguras. Quando tratamos de portos e aeroportos, é necessário considerarmos que suas operações, muitas vezes, recebem influência internacional, seja na recepção de pessoas e de cargas oriundas do exterior, seja em seu envio para o exterior.

Considerando o significativo fluxo de serviços prestados e sua necessária padronização, a existência de grandes entidades é importante para auxiliar na organização do setor. Nesta seção, abordaremos as entidades internacionais que auxiliam na organização dos setores portuário e aeroportuário em todo o mundo, apresentando seus objetivos, suas especificidades e suas principais funções.

Entre as principais organizações internacionais que auxiliam na gestão dos portos em todo o mundo, podemos destacar aquelas com maior aceitação entre os governos nacionais:

> International Maritime Organization (IMO);
> United Nations Conference on Trade and Development (UNCTAD);
> International Labour Organization (ILO);
> World Health Organization (WHO);
> International Telecommunication Union (ITU);
> International Transport Workers' Federation (ITF);
> International Chamber of Shipping (ICS);
> International Standard Organization (ISO).

A IMO é a agência da Organização das Nações Unidas (ONU) especializada no processo de regulamentação da atividade portuária em todo o mundo. Essa organização tem a função de ser a autoridade global de definição de padrões para a segurança, para a proteção e para o desempenho ambiental do transporte marítimo internacional. A entidade objetiva também

> criar condições de concorrência iguais para que os operadores de navios não possam resolver seus problemas financeiros simplesmente abrindo caminho e comprometendo a segurança, a proteção e o desempenho ambiental. Essa abordagem também incentiva a inovação e a eficiência. O transporte marítimo é uma indústria verdadeiramente internacional e só pode operar de forma eficaz se os próprios regulamentos e padrões forem acordados, adotados

e implementados em uma base internacional. E a IMO é o fórum em que esse processo ocorre. O transporte marítimo internacional transporta mais de 80 por cento do comércio global para povos e comunidades em todo o mundo. O transporte marítimo é o método de transporte internacional mais eficiente e econômico para a maioria das mercadorias; ele fornece um meio confiável e de baixo custo de transporte de mercadorias globalmente, facilitando o comércio e ajudando a criar prosperidade entre nações e povos. (IMO, 2021, tradução nossa)

A UNCTAD é outra entidade ligada à ONU. Entretanto, funciona no formato de conferência, da qual participam todos os países signatários dos acordos formalizados em suas reuniões. Sua principal função é criar ações que possibilitem:

› compreender as opções para enfrentar os desafios de desenvolvimento nos níveis macroeconômico e social;
› alcançar uma integração benéfica no sistema de comércio internacional;
› diversificar as economias, com vistas a torná-las menos dependentes de *commodities*;
› limitar a exposição das nações à volatilidade financeira e à volatilidade das dívidas;
› atrair investimentos e torná-los mais favoráveis ao desenvolvimento dos países;
› aumentar o acesso às tecnologias digitais;
› promover o empreendedorismo e a inovação;
› ajudar empresas locais a avançar na cadeia de valor;
› acelerar o fluxo de mercadorias através das fronteiras;

> proteger os consumidores de abusos cometidos por grandes corporações;
> restringir regulamentos que sufoquem a competição e prejudiquem pequenas e médias empresas;
> respeitar as mudanças climáticas e usar os recursos naturais de modo mais eficaz.

Para saber mais

UNCTAD – United Nations Conference on Trade and Development. Disponível em: <exerceunctad.org>. Acesso em: 20 nov. 2021.

Por meio desse *link*, conheça um pouco sobre a atuação da UNCTAD, uma organização que exerce forte influência sobre a forma como as exportações, as importações, os acordos comerciais e os demais tipos de transações com ganho financeiro são desenvolvidos em âmbito internacional.

A ILO, também conhecida como *Organização Internacional do Trabalho* (OIT), é uma agência tripartite ligada à ONU cuja principal função é reunir trabalhadores, empregadores e governos na discussão sobre condições de trabalho que causem qualquer tipo de dano às partes envolvidas. Atualmente, 187 países fazem parte da OIT. Portanto, essas nações devem seguir as deliberações do órgão e garantir segurança e condições a todos os trabalhadores.

A OIT realiza seu trabalho por meio de três órgãos principais, os quais compreendem representantes de governos, empregadores e trabalhadores. Esses órgãos estão esquematizados no Quadro 1.3.

Quadro 1.3 – **Principais órgãos da Organização Internacional do Trabalho**

Órgão	Função
Conferência Internacional do Trabalho	Define as normas internacionais do trabalho e as políticas gerais da OIT. Reúne-se anualmente em Genebra. Frequentemente chamada de *Parlamento Internacional do Trabalho*, a Conferência também é um fórum para discussão de questões sociais e trabalhistas importantes.
Conselho Executivo da OIT	É o órgão dirigente da OIT. Reúne-se três vezes por ano em Genebra. Toma decisões sobre a política da OIT e estabelece seu programa e seu orçamento, os quais, então, submete à apreciação da Conferência.
Escritório Internacional do Trabalho	É o secretariado permanente e o ponto focal das atividades gerais da OIT. Atua sob o escrutínio do Conselho de Administração e sob a liderança do Diretor-Geral.

Fonte: Elaborado com base em ILO, 2021.

As normas internacionais do trabalho aprovadas no âmbito da OIT são respaldadas por um sistema de supervisão único em nível internacional, que ajuda a garantir que os países implementem as convenções que ratificaram (ILO, 2021). A OIT também tem a função de examinar, regularmente, a aplicação das normas pelos Estados-membros. Assim, aponta as áreas em que podem acontecer melhorias nas condições de trabalho e nas relações entre empresas, trabalhadores e governos. Caso seja identificado qualquer tipo de divergência entre a aplicação das normas aprovadas pela OIT nos países, é possível contar com o órgão para a promoção do diálogo social e da assistência técnica, visando adequar as normas nacionais às internacionais.

A WHO, também conhecida, no Brasil, como *Organização Mundial da Saúde* (OMS), é uma entidade internacional com a função de promover a saúde em todo o mundo. Essa organização é composta por 7.000 pessoas, em mais de 150 países, trabalhando em 150 escritórios nacionais, em 6 escritórios regionais e na sede em Genebra.

Como a OMS é uma organização que visa auxiliar as nações na direção e na coordenação da saúde internacional no sistema da ONU, ela acaba por aderir aos valores desta, quais sejam, integridade, profissionalismo e respeito à diversidade. A OMS apresenta uma série de indicações úteis às organizações portuárias e aeroportuárias sobre o transporte, o armazenamento e o estoque de mercadorias.

A ITU, ou União Internacional de Telecomunicações, auxilia as organizações e as nações a padronizar os processos de comunicação existentes, facilitando, assim, o entendimento entre indivíduos e profissionais independentemente de sua origem. Essa organização foi fundada em 1865 com o objetivo de facilitar a "conectividade internacional em redes de comunicação [...] para melhorar o acesso às TICs [tecnologias da informação e comunicação]" (ITU, 2021, tradução nossa) para comunidades carentes em todo o mundo.

> **O que é**
>
> As **tecnologias da informação e comunicação** (TICs) são novas tecnologias desenvolvidas pelos setores público e privado que se direcionam a resolver problemas na área de informação e da comunicação, assim como auxiliam na redução de custos e no aumento da eficiência.

Atualmente, compõem a ITU, na condição de membros globais, 193 Estados e mais de 900 empresas, universidades e organizações internacionais e regionais cujos interesses sejam a comunicação e questões afins. Os membros que compõem a ITU, tanto do setor público quanto do privado, buscam trabalhar em conjunto para moldar a futura política de TICs, seu ambiente regulatório, seus padrões globais e as melhores práticas para ajudar a difundir o acesso a seus serviços.

A busca pela colaboração nas parcerias público-privadas sempre esteve no centro do trabalho da ITU. Assim, as empresas notam que há um caminho interessante e de crescimento sustentável ao trabalharem em estreita colaboração com governos, universidades e outras partes interessadas. O esforço conjunto para padronizar as telecomunicações auxilia, também, na implementação de regras certas para impulsionar investimentos, inovações e oportunidades amplamente compartilhadas.

Exercício resolvido

Há uma série de organismos internacionais que atuam no setor portuário. Considere as entidades a seguir e assinale a alternativa que indica apenas as que operam exclusivamente no setor portuário:

I. Organização das Nações Unidas (ONU).
II. Organização Mundial do Comércio (OMC).
III. International Maritime Organization (IMO).

a) I e II.
b) Somente III.
c) Somente II.
d) II e III.

Gabarito: B

Feedback do exercício: A ONU e a OMC não atuam diretamente no setor portuário. Por sua vez, a IMO é uma organização que atua diretamente na regulamentação das operações portuárias.

A ITF, em português Federação Internacional dos Trabalhadores do setor de Transportes, é reconhecida como uma das principais organizações do setor de transportes do mundo. A ITF congrega 700 afiliados em mais de 150 nações, com alguns objetivos:

> promover o respeito pelos direitos sindicais e humanos dos trabalhadores do setor de transportes em todo o mundo;
> trabalhar pela paz com base na justiça social e no progresso econômico, com foco nos trabalhadores do setor de transportes;
> auxiliar os sindicatos afiliados a defender os interesses de seus membros;
> fornecer serviços de pesquisa e informação aos sindicatos afiliados, para auxiliar no processo de tomada de decisão;
> fornecer assistência geral aos trabalhadores do transporte que passem por dificuldade.

A ITF tem um escritório no Brasil e atua fortemente junto aos sindicatos brasileiros que representam os trabalhadores das organizações portuárias e aeroportuárias. Algumas das principais ações e conquistas da ITF, no Brasil e no mundo, foram:

> > Estabeleceu novos sindicatos e acordos de negociação para trabalhadores latino-americanos na Argentina, no Peru, no Paraguai, na Colômbia e no Equador. [...]
> > Aumentou a afiliação feminina do Sindicato Geral dos Trabalhadores em Transporte em 20%. [...].

> Construiu um escritório para o Sindicato dos Motoristas de Ônibus de Gaza (BDU) e para o Sindicato Geral dos Trabalhadores em Transporte da Palestina.

> Liderou uma campanha para acabar com a violência contra as mulheres nos locais de trabalho e nas comunidades

Essas ações da ITF influenciaram a gestão de portos e aeroportos em todo o mundo, tornando o ambiente de negócios dessas organizações ainda mais complexo e dotado de uma série de especificidades. O respeito às condições de trabalho de seus colaboradores deve ser priorizado em todos os processos de gestão.

Pergunta & resposta

Como federações ligadas aos trabalhadores de portos e de aeroportos podem colaborar para a melhoria do ambiente de negócios nesses setores?

Organizações como a ITF auxiliam na promoção e na consolidação dos direitos sindicais e humanos dos trabalhadores do setor de transporte em todo o mundo.

Exercício resolvido

Entre as organizações internacionais que atuam e influenciam o setor portuário, algumas estão relacionadas aos trabalhadores. Analise as opções a seguir e assinale a alternativa que apresenta corretamente as entidades que se dedicam especificamente a esse escopo:

I. Organização Internacional do Trabalho (OIT).
II. International Telecommunication Union (ITU).
III. International Transport Workers Federation (ITF).

a) Somente I.
b) Somente II.
c) I e III.
d) Todas.

Gabarito: C

Feedback do exercício: A ITU é uma organização que regulamenta as operações de telecomunicações. Já OIT e a ITF objetivam proporcionar condições dignas de trabalho.

A ICS é a principal associação comercial internacional para a indústria naval, representando armadores e operadores em todos os setores e negócios. Os membros da ICS são as associações de armadores nacionais da Ásia, da Europa e das Américas, cujas companhias marítimas operam mais de 80% da tonelagem comercial mundial de cargas.

A ICS tem a função de representar os armadores em vários órgãos reguladores intergovernamentais, que, por meio de suas ações, impactam o transporte marítimo, como a IMO. A ICS também busca desenvolver melhores práticas e instruções para todo o setor, publicando diversos livros e revistas com o intuito de orientar organizações e profissionais que atuam nas operações de navios em todo o mundo.

Os seguintes países são signatários dos acordos fechados no âmbito da ICS: Austrália, Bahamas, Bélgica, Canadá, Chile,

Chipre, Dinamarca, Ilhas Faroé, Finlândia, França, Alemanha, Grécia, Hong Kong (China), Índia, Irlanda, Itália, Japão, Coreia do Sul, Kuwait, Libéria, México, Holanda, Noruega, Filipinas, Portugal, Rússia, Singapura, Espanha, Suécia, Suíça, Turquia, Reino Unido e Estados Unidos. Diversas dessas nações têm amplas relações comerciais com organizações brasileiras, sendo origem e/ou destino de exportações e importações. Portanto, mesmo que o Brasil não seja signatário da ICS, é importante que as deliberações apresentadas sejam seguidas à risca.

A ISO é uma organização internacional não governamental e independente. Atualmente, conta com a associação de 165 organismos nacionais de normalização. Por meio de seus membros, a ISO reúne especialistas e profissionais no desenvolvimento de normas internacionalmente aceitas que visam garantir a padronização e a qualidade de produtos e de serviços.

A atuação da ISO depende de consenso, de modo a fornecer soluções baseadas em inovações para a superação de desafios que organizações de todos os setores enfrentam. As normas internacionais auxiliam os consumidores a confiar mais nos produtos e nos serviços que adquirem. Órgãos reguladores e governos contam com os padrões desenvolvidos pela ISO para desenvolver melhor suas regulamentações com base no que é aprovado pelo rol de especialistas estabelecidos pela entidade globalmente.

Para saber mais

STANDARDS. **ISO**. Disponível em: <https://www.iso.org/standards.html>. Acesso em: 20 nov. 2021.

No *site* da ISO, é possível acessar todas as normas da organização. Sugerimos que consulte as principais: ISO 9001, ISO 9004, ISO 19011, ISO 14001, ISO 14031, ISO 14020, ISO 14040 e ISO 50001.

Existem diversos ISOs amplamente aplicados às atividades portuárias. É importante ressaltar que cabe aos gestores a busca pela implementação de normas de qualidade nas organizações portuárias, mediante debates e avaliações. A garantia de melhor qualidade no desenvolvimento dos serviços portuários auxilia a gestão das organizações a desenvolver novas oportunidades de negócio, aumentar a percepção de qualidade dos clientes e reduzir custos.

1.4 Órgãos internacionais ligados a operações aeroportuárias

Com relação às organizações internacionais que atuam diretamente nas organizações aeroportuárias, é importante frisar que muitas são as mesmas do setor portuário. Podemos citar, nesse sentido, a UNCTAD, a OIT, a OMS, a ITU, a ITF e a ISO. Dessa forma, essas organizações não serão novamente detalhadas nesta seção, a fim de evitarmos redundância.

São organizações específicas do setor aeroportuário que auxiliam em sua organização:

> International Civil Aviation Organization (Icao);
> The International Air Transport Association (Iata).

A Icao foi criada em 7 de dezembro de 1944 por meio da assinatura da Convenção de Chicago. Trata-se de uma "uma agência especializada das Nações Unidas, que tem como objetivo precípuo definir os parâmetros mínimos aceitáveis de segurança para a aviação civil internacional, constituída por 193 Estados Signatários da Convenção" (Anac, 2017, p. 1). A sede mundial da entidade localiza-se na cidade de Montreal, no Canadá.

As funções desempenhadas pela Icao são fundamentais para a aviação de todo o mundo. Por meio da entidade são aprovadas as principais

> normas e práticas recomendadas na aviação civil internacional (*Standards and Recommended Practices* – SARPS), as quais balizam o marco regulatório setorial dos Estados membros e a atuação de suas respectivas autoridades de aviação civil. Há atualmente mais de 10 mil SARPs distribuídos nos 19 Anexos da Convenção de Chicago. Por meio dessas normativas e de políticas complementares, auditorias e esforços estratégicos de desenvolvimento, a rede global de transporte aéreo consegue operar cerca de 100 mil voos por dia, de maneira segura e eficiente. (Anac, 2017, p. 1)

Existem diversos órgãos responsáveis pela aprovação das deliberações da Icao, como:

› Assembleia;
› Conselho da Icao;
› Comitês Permanentes;
› Comitê de Proteção Ambiental da Aviação;
› Comissão de Navegação Aérea (ANC).

Cada um desses órgãos tem estrutura e objetivo específicos. Com isso, é possível atender às necessidades presentes na complexa atividade aeroportuária mundial. Por exemplo, a ANC é responsável por recomendar os padrões, as práticas (Sarps – *Standards and Recommended Practices*) e os procedimentos para serviços de navegação aérea (Pans) para adoção e para aprovação pelo Conselho da Icao. Esse órgão, portanto, é essencial para o desenvolvimento das normas aplicadas nas operações dos aeroportos de todo o mundo.

Para garantir que todas as Sarps e todos os PANS novos e aprimorados sejam eficazes, práticos e aplicáveis aos usuários finais, a ANC atua por meio de painéis formados por especialistas em vários assuntos relacionados à aviação. Esses especialistas são convocados a colaborar com esses painéis e com os demais órgãos ligados à Icao, com o intuito de aproveitar a *expertise* dos Estados e das organizações internacionais no desenvolvimento de novas propostas técnicas para a normatização dos padrões do setor aeroportuário.

Os painéis estão ligados – uns mais do que os outros – às atividades desenvolvidas nos aeroportos. Portanto, os gestores dessas organizações devem estar atentos para atender a todos os requisitos que são amplamente apresentados pelas deliberações desses painéis.

O Brasil tem assento em alguns dos painéis que compõem a Icao, tal que seus membros participam, ativamente, das decisões. Ademais, é necessário que os gestores dos aeroportos estejam atentos a todas as deliberações provenientes das reuniões dos painéis, a fim de perceber as mudanças que serão implementadas, futuramente, nas organizações aeroportuárias.

Para saber mais

CONVENÇÃO DE AVIAÇÃO CIVIL INTERNACIONAL. Disponível em: <https://www.anac.gov.br/assuntos/legislacao/legislacao-1/decretos/decreto-no-21-713-de-27-08-1946/@@display-file/arquivo_norma/convencaoChicago.pdf>. Acesso em: 20 nov. 2021.
Leia a Convenção de Aviação Civil Internacional, que deve ser conhecida pelos gestores de aeroportos de todo o mundo.

A Iata dedica-se a moldar o crescimento futuro da indústria de transportes aéreos, tornando-a mais segura e sustentável e permitindo, assim, que as pessoas e as mercadorias possam ser transportadas de maneira correta. Essa entidade desenvolve seus trabalhos com base três premissas básicas:

1. **Representar a indústria aérea**: significa melhorar a compreensão da indústria de transportes aéreos entre os tomadores de decisão e aumentar a conscientização sobre os benefícios que a aviação traz para as economias nacionais e globais. Conforme a própria entidade: "Defendendo os interesses das companhias aéreas em todo o mundo, desafiamos regras e cobranças não razoáveis, responsabilizamos reguladores e governos" (Iata, 2020, tradução nossa);
2. **Liderar a indústria aérea**: por mais de 70 anos, são desenvolvidos padrões comerciais globais sobre os quais a indústria de transporte aéreo é construída, "simplificando os processos e aumentando a conveniência dos passageiros, reduzindo custos e melhorando a eficiência" (Iata, 2020, tradução nossa).
3. **Atender à indústria aérea**: envolve ajudar as companhias aéreas a operar com segurança, com eficiência e com economia sob regras claramente definidas.

Os gestores de portos e de aeroportos devem atentar às diferentes abordagens das entidades internacionais relativas à atuação das organizações das quais fazem parte. Isso porque as normas internacionais podem influenciar como os serviços são prestados e como as atividades são desenvolvidas, podendo, inclusive, afetar financeiramente as operações portuárias e aeroportuárias.

Síntese

> As organizações portuárias e aeroportuárias apresentam uma série de especificidades relacionadas às atividades que desenvolvem.
> A complexidade imposta aos gestores de organizações portuárias e aeroportuárias aumenta o desafio de gerir as empresas desses setores.
> Portos e aeroportos podem ser administrados por meio de investimentos públicos e privados, e o tipo de proprietário pode influenciar na forma como se organizam.
> Há inúmeras organizações internacionais que influenciam o desenvolvimento das atividades de portos e de aeroportos. Portanto, aos gestores cabe a tarefa de se atentarem, sempre, às decisões dessas entidades.

2
Trabalho portuário

Conteúdos do capítulo

> Principais funções dos trabalhadores nas organizações portuárias.
> Riscos e condições de trabalho em organizações portuárias.
> Normas regulamentadoras que garantem a qualidade de vida no trabalho dos profissionais portuários.
> Órgãos da estrutura portuária que visam a garantir a segurança dos trabalhadores.

Após o estudo deste capítulo, você será capaz de:

1. entender os principais preceitos constitucionais de proteção ao trabalhador portuário no Brasil;
2. elencar os principais cargos e funções existentes nas atividades portuárias no Brasil;
3. compreender as especificidades dos trabalhadores avulsos que atuam nas organizações portuárias do Brasil e do mundo;
4. apontar as funções exclusivas das Comissões Internas de Prevenção de Acidentes (Cipas), garantidoras das boas condições de trabalho nas organizações;
5. reconhecer as principais especificidades das normas regulamentadoras que incidem atualmente sobre as atividades portuárias no Brasil e no mundo.

AS PESSOAS SÃO FUNDAMENTAIS EM QUALQUER TIPO DE OPEração. Desse modo, é impossível pensar a gestão de organizações portuárias e aeroportuárias sem considerar a importância das pessoas para seu sucesso. Basicamente, existem três tipos de profissionais que atuam em qualquer empresa:

1. profissionais que atuam em nível operacional;
2. profissionais que atuam em nível gerencial;
3. profissionais que atuam na elaboração das estratégias da empresa.

A mecanização e a informatização dos processos e das atividades têm modificado, nos últimos anos, os tipos de profissionais que trabalham nos portos e nos aeroportos. Entretanto, ainda é possível notar que são muitas as funções dessas organizações que, em grande parte, dependem de trabalhadores para serem desempenhadas.

É importante considerar, também, que, em razão dos tipos de organização, de atividades e de serviços realizados por essas empresas, há a necessidade de normas que garantam a segurança e a qualidade de vida dos profissionais. Portanto, cabe aos gestores assegurar essas condições de segurança.

Neste capítulo, abordaremos os principais profissionais que atuam no setor portuário. Vamos enfatizar, aqui, apenas a gestão portuária, a fim de garantir o máximo de detalhamento possível para essa atividade, por conta de suas especificidades. Ainda, discutiremos as principais normas de segurança voltadas à qualidade de vida dos profissionais enquanto desempenham seus trabalhos.

Conhecer as características do dia a dia dos trabalhadores portuários é uma função que cabe tanto aos gestores quanto aos profissionais que pretendam atuar em cargos de gestão.

Quando falamos de qualidade de vida no ambiente de trabalho, devemos ter em mente que não nos referimos apenas aos profissionais de gestão de recursos. Ao contrário, é importante que todos os gestores busquem desenvolver, em suas respectivas áreas, processos para uma boa atuação de todos os profissionais.

Considerando que existem inúmeras entidades e órgãos internacionais dedicados à organização da atividade portuária, conforme demonstramos no Capítulo 1, o cumprimento de suas normas deve ser uma prioridade na estratégia das instituições portuárias. Por isso, esse será um dos principais temas deste segundo capítulo.

2.1 Principais cargos e funções da atividade portuária

Conforme indicamos, as funções disponíveis em qualquer organização portuária podem ser divididas em operacionais, gerenciais e estratégicas. Em geral, os trabalhadores que atuam em portos têm uma grande especialização. Com raras exceções, são exigidos cursos técnicos, cursos superiores e, até mesmo, pós-graduações para trabalhar em uma empresa portuária. Em muitos casos, recomendam-se cursos específicos para todos que almejam atuar em um porto, tanto no Brasil quanto no resto do mundo.

Os estudos de logística compõem a formação da maioria dos profissionais do setor portuário. Como, em geral, a movimentação de cargas e de pessoas lida com vários modais de transporte, é natural que se busquem conhecimentos sobre o assunto, algo fundamental para a execução de um bom trabalho.

Com relação aos trabalhadores portuários, há uma lei que prevê uma série de determinações para as empresas do setor, impactando, diretamente, a forma como os profissionais se organizam dentro dessas empresas. A Lei n. 12.815, de 5 de junho de 2013 (Brasil, 2013), conhecida como *Nova Lei dos Portos*, é responsável por regular a exploração direta ou indireta pela União de portos e de todas as instalações portuárias e atividades desempenhadas pelos operadores portuários.

O que é

A **Lei dos Portos** é a principal lei da administração portuária e estabelece um conjunto de regras. Portanto, essa lei deve ser conhecida por todos os gestores de organizações portuárias, a fim de que dominem as responsabilidades e os direitos das organizações do setor.

Segundo a Lei dos Portos, são possíveis

> duas formas de trabalho portuário: o trabalho portuário avulso e o trabalho portuário com vínculo empregatício. Note-se que esta é uma importante inovação da lei, vez que antes não era possível o trabalho portuário com vínculo empregatício. (Brasil, 2001, p. 27)

A única exceção a essas duas formas é a atividade de capatazia, cujos trabalhadores são empregados das Companhias Docas.

Detalharemos os direitos garantidos aos trabalhadores avulsos e aos com vínculo empregatício nas próximas seções. Por ora, apresentaremos os cargos e as funções principais da estrutura portuária.

Curiosidade

Os profissionais das embarcações de cargas e dos transportes internacionais, em muitos casos, são estrangeiros. Por isso, é natural que sejam caracterizados como multiculturais.

Destacaremos, a seguir, algumas das principais funções presentes em uma organização portuária e suas importantes especificidades. Primeiramente, abordaremos as funções das embarcações que, de alguma forma, interagem com as operações portuárias.

2.1.1 Profissionais de embarcação

Oficial náutico

Um oficial náutico pertence ao escalão dos oficiais da carreira de pessoal de convés da Marinha Mercante. Esse profissional pode ocupar cargos na carreira militar e, geralmente, é formado por alguma instituição pública. De acordo com sua categoria, pode exercer as funções de comandante, de imediato e de oficial chefe de quarto de navegação.

Como trabalha dentro dos navios, sua relação com os portos é importante para a comunicação com a gestão portuária, no momento de atracação (Ciaga, 2021). No Brasil, a Escola de Formação de Oficiais da Marinha Mercante (EFOMM) é responsável pela capacitação dos profissionais oficiais náuticos:

A Escola de Formação de Oficiais da Marinha Mercante – EFOMM é uma Universidade do Mar, um centro de referência para a formação de Oficiais da Marinha Mercante altamente qualificados, não só do Brasil, mas também para jovens cujo país de origem não tenha uma Escola de Marinha Mercante, ou para jovens cujo país de origem possua intercâmbio de alunos, como Peru, Panamá, Equador, República Dominicana, etc. O Brasil atende como referência para a América Central, América do Sul e Parte da África. Isso atesta o nível de capacitação profissional a que o Oficial brasileiro se lança no mercado. (Ciaga, 2021)

Imediato

O imediato vem, na hierarquia, imediatamente abaixo do comandante de um navio. Sua função consiste em assumir o comando da embarcação em casos de incapacidade, de impedimento e, até mesmo, de morte do capitão no decorrer do curso do navio.

No Brasil, cursos para formação profissional de imediatos podem ser encontrados no Centro de Instrução Almirante Bráz de Aguiar (Ciaba), em Belém, no Pará, e no Centro de Instrução Almirante Graça Aranha (Ciaga) na cidade do Rio de Janeiro.

Em razão das responsabilidades e dos conhecimentos necessários para exercer a função de imediato, é possível afirmar que esses profissionais se formam com as mesmas especializações técnicas dos oficiais náuticos.

Figura 2.1 – **Deque de comando de um navio, onde oficial náutico e imediato geralmente trabalham**

Marinheiro de convés

O marinheiro de convés é o profissional responsável por realizar processos de atracação e de desatracação do navio. É, também, quem lança e recolhe as amarras da embarcação, que garantem sua estabilidade enquanto está parada no porto. O marinheiro de convés pode ser responsável, ainda, por governar o timão da embarcação, garantindo, assim, que continue no rumo correto.

Além disso, são funções desse profissional controlar e fiscalizar todo o sistema de botes salva-vidas e os equipamentos de segurança e de movimentação da embarcação, bem como realizar procedimentos de vigilância e de guarda, para assegurar o bom funcionamento desta durante todo o percurso.

Chefe de máquinas

O chefe de máquinas é o responsável, dentro de uma embarcação, por toda a parte de maquinário e de equipamento que a faz funcionar. Responsabiliza-se, ainda, pela supervisão das tarefas de condução e de manutenção dos sistemas de propulsão e de produção de energia da embarcação, assegurando seu pleno funcionamento durante todo o percurso planejado.

A função de chefe de máquinas pode assumir diferentes designações: chefe, engenheiro sênior e chefe mecânico. Dessa forma, os gestores portuários devem estar atentos às necessidades desses profissionais, para que sejam capazes de apoiá-los se alguma eventualidade paralisar a embarcação próximo ao porto.

Operador de guindaste portuário

O operador de guindaste portuário, como seu nome sugere, opera máquinas e equipamentos de elevação, auxiliando, assim, no ajuste dos comandos e acionando movimentos das máquinas. Também é responsável por avaliar condições de funcionamento das máquinas e dos equipamentos, interpretando o painel de instrumentos de medição, verificando fontes de alimentação e testando todos os comandos de acionamento. O operador de guindaste portuário prepara a área para a operação dos equipamentos e para o transporte de pessoas, materiais e mercadorias.

Mestre de cabotagem

O mestre de cabotagem é o comandante ou o imediato de embarcações que tenham até 500 t de arqueação bruta (TAB). A principal diferença entre esse profissional e o oficial náutico está no fato de que as embarcações direcionadas pelo mestre de cabotagem atuam apenas nas águas jurisdicionais brasileiras.

A cabotagem é a navegação que ocorre entre portos de um mesmo país. Logo, é natural que, nesse caso, os tamanhos das embarcações e os volumes transportados sejam menores.

Prático

O profissional prático é uma pessoa habilitada por processo seletivo elaborado pela Marinha do Brasil. Apesar disso, trata-se de uma atividade privada, não faz parte da carreira militar.

O prático detém conhecimento sobre as águas em que atua e tem, também, especial habilidade na condução de embarcações, já que é responsável por guiar os comandantes dos navios nas proximidades da costa e dos portos. Portanto, deve desenvolver amplo conhecimento da profundidade e da geografia do local de atuação, bem como do clima, que pode influenciar nas condições de visibilidade. Deve, ainda, saber realizar a leitura da região, para que possa controlar e direcionar as embarcações próximas à costa e à zona portuária.

Figura 2.2 – **Pilotando uma embarcação menor, o prático direciona a embarcação maior**

Mergulhador

O mergulhador profissional raso é responsável por realizar serviços debaixo d'água: conexão de tubulações, soldas, reparos e limpeza de estruturas subaquáticas (navios e embarcações de vários tamanhos).

Exercício resolvido

Assinale a alternativa que apresenta o profissional que deve conhecer profundamente as águas em que atua e ter especial habilidade na condução de embarcações:
a) Prático.
b) Mergulhador.
c) Operador de guindaste.
d) Marinheiro de convés.

> **Gabarito:** A
>
> **Feedback do exercício:** O prático é o profissional que precisa deter amplo conhecimento sobre a profundidade, a geografia e o clima do local onde atua, a fim de controlar e direcionar as embarcações próximas à costa e à zona portuária.

2.1.2 Profissionais portuários

As funções apresentadas até aqui são as principais do rol dos trabalhadores que, em geral, atuam nas embarcações. Todavia, há profissões diretamente associadas à gestão portuária. Trata-se de trabalhadores que costumam ter uma maior relação com os gestores dos portos.

Reiteramos que as funções existentes nos portos estão divididas em operacionais, gerenciais e estratégicas. A maioria dos trabalhadores portuários enquadra-se em cargos operacionais, que exigem baixa especialização. As principais funções operacionais estão detalhadas no Quadro 2.1.

Quadro 2.1 – Principais cargos operacionais na atividade portuária

Cargo	Principais funções
Capataz	"Supervisiona a movimentação de mercadorias: Recebimento, conferências, transporte interno, abertura de volumes para a conferência, manipulação, arrumação, entrega da carga, carregamento e descarregamento de embarcações com uso de aparelhamento em terra e a bordo" (Maciel et al., 2015, p. 172).
Guindasteiro	"Movimenta contêineres ou carga da carreta para o navio e vice-versa por meio de guindaste ou portêiner" (Maciel et al., 2015, p. 172).
Portuário	"Movimenta cargas em terra" (Maciel et al., 2015, p. 172), sendo um dos principais responsáveis para que estejam próximas às embarcações no momento do carregamento.
Estivador	"Movimenta todo tipo de equipamento ou carga dentro dos navios. Estivagem e desestivagem: Arrumação e retirada das mercadorias exclusivamente no convés e nos porões do navio" (Maciel et al., 2015, p. 172).

(continua)

(Quadro 2.1 – continuação)

Cargo	Principais funções
Vigilante	"Vigia para que não entrem no navio pessoas não autorizadas" (Maciel et al., 2015, p. 172). Considerando que, em muitos casos, os navios são internacionais, é necessário assegurar a sua inviolabilidade durante o período de atracação.
Sinaleiro	"Sinaliza para começar e terminar as operações. Essa atividade é realizada pelos chamados portuários" (Maciel et al., 2015, p. 172). É fundamental para o bom andamento das operações.
Conferente	"Confere as taras em terra conforme o especificado nas notas fiscais" (Maciel et al., 2015, p. 172). Como tara, podemos considerar "Peso que se abate do peso bruto de uma mercadoria, equivalente ao do recipiente, carro, caixa ou invólucro em que ela se acha ou é transportada" (Maciel et al., 2015, p. 172).
Contramestre de porão	Zela pela fiel execução dos serviços de estivagem nos porões das embarcações. No desenvolvimento de suas funções, relata qualquer tipo de avaria no decorrer do carregamento e do descarregamento da embarcação, garantindo, assim, que esta esteja em plenas condições para voltar à navegação.
Operador de ponte rolante	Opera a ponte rolante, equipamento náutico especializado no transporte de celulose que utiliza o *spread* para lingar a carga à embarcação.
Empilhadeirista	Opera as empilhadeiras no porão da embarcação. Faz toda a movimentação e a acomodação da carga.
Bombeador	Responsabiliza-se pela manutenção, operação e funcionamento dos sistemas de bombagem das embarcações que transportam líquidos e combustíveis. Entre suas funções, estão a realização do carregamento, do descarregamento e da limpeza dos navios-tanques nos portos.

Fonte: Elaborado com base em Maciel et al., 2015.

Além dos cargos operacionais apresentados no Quadro 2.1, outros dois profissionais atuam nas operações de um porto. O primeiro é o amarrador, responsável por todo o processo de amarração dos cabos que se prolongam das embarcações ao cais. O segundo profissional é o carregador de bagagem, que atua, especificamente, nos portos em que há embarque e desembarque de passageiros. Ele é "responsável pelo transporte de bagagens de passageiros, acompanhadas ou desacompanhadas nos portos organizados. Em geral, entretanto, o carregador de bagagem é autônomo, pois presta serviços pessoais ao passageiro" (Brasil, 2001, p. 29).

Por sua vez, as funções de gestão são desempenhadas por profissionais com conhecimentos nas áreas de administração, de logística e de engenharia. De maneira geral, esses cargos em uma organização portuária se assemelham aos cargos de gestão de qualquer outra organização e envolvem conhecimentos de gestão de recursos humanos, de *marketing* e de organização. Entretanto, há funções exclusivas do setor portuário, as quais são exercidas por engenheiros e outros profissionais altamente especializados para atender às necessidades da área.

Entre os funcionários que têm grande especialização na gestão portuária, estão:

> **Engenheiro portuário**: apesar de ser um profissional mais requisitado na fase de planejamento e de construção das instalações portuárias, também atua nas operações dessas organizações, podendo ser responsável pela condução de atualizações constantes, com vistas ao atendimento das necessidades operacionais (Carvalho, 2019).
> **Engenheiro *subsea***: é responsável pela gestão e pela operação de equipamentos submarinos (*subsea*), como módulos, *jumpers* e ferramentas. Contribui com sua montagem e com sua manutenção e busca a maneira mais rápida e mais eficiente de montá-los e de testá-los.
> **Engenheiro naval**: atua na construção e na manutenção das embarcações. Orienta todas as operações que ocorrem nos berços de atracação (área em que navios atracam nos portos).

› **Geólogo ou geofísico**: analisa o solo e as rochas de toda a região portuária e elabora laudos e estudos que demonstram o impacto ambiental e a viabilidade dos projetos de expansão da atividade portuária (Carvalho, 2019).
› **Engenheiro de segurança do trabalho**: coordena, analisa e executa os projetos de garantia da segurança dos trabalhadores das atividades portuárias. Por meio de um conjunto de técnicas e de recomendações, visa eliminar ou, ao menos, minimizar todos os riscos de acidentes e doenças ocupacionais oriundos das atividades portuárias. Assegura, também, que a organização portuária atenda a todos os requisitos de segurança aprovados pelos órgãos nacionais e internacionais do trabalho.
› **Engenheiro de transporte**: planeja, cria, mantém e remodela os sistemas de transportes de pessoas e de mercadorias relacionados às operações portuárias. Também elabora o fluxo de mercadorias, de veículos e de pessoas em todos os processos que envolvam o porto.

O que é

Subsea é um sistema posicionado no fundo do mar. Compõe-se de válvulas conectadas ao poço e à unidade de produção na superfície. Por essas válvulas, ocorre o fluxo de produção de petróleo e de gás para as embarcações.

Uma importante consideração acerca dos cargos de gestão mencionados está relacionada ao recrutamento dos profissionais. Comumente, há poucos profissionais disponíveis no mercado. Isso acontece, em parte, porque as instituições de ensino que oferecem esses cursos superiores são poucas. Diante desse contexto, é comum a contratação de profissionais estrangeiros por portos brasileiros, o que acaba representando uma dificuldade a mais para os gestores portuários que necessitam formar suas equipes de trabalho.

Outro grande desafio para a organização das equipes de trabalho das operações portuárias é o fato de que os portos funcionam durante as 24 horas do dia. Assim, cabe ao gestor organizá-las em:

> Geralmente os portos operam 24 horas, divididas em turnos de trabalho. Esses turnos variarão conforme a especificidade de cada porto, mas em geral serão de seis ou de oito horas. No caso de turnos de oito horas, haverá intervalo intrajornada, para repouso e alimentação.
>
> Poderá haver a prestação de horas extraordinárias de trabalho, mesmo nos turnos de seis horas. Tal procedimento se justifica, porque, muitas vezes, o navio está de partida pouco tempo depois do horário da troca de turno, não sendo viável a escalação de nova equipe de trabalho. (Brasil, 2001, p. 35)

Portanto, cabe aos gestores ligados à operação portuária realizar a escala da quantidade de trabalhadores necessários em cada turno de trabalho. Esse cálculo deve considerar, acima de tudo, a quantidade de navios e de cargas e os horários de maior e de menor fluxo durante as operações em questão.

Figura 2.3 – **A complexidade de uma estrutura portuária**

Travel mania/Shutterstock

Na Figura 2.3, é possível observar como pode ser complexa uma operação portuária. Diante disso, surgem as funções estratégicas, que devem considerar todas as especificidades derivadas desse tipo de organização.

Para que seja possível observar as especificidades dos cargos estratégicos da gestão portuária, utilizaremos, como exemplo, o Plano de Cargos e Salários divulgado, no ano de 2020, pela administração do Porto de Santos. Os principais cargos estratégicos, o tempo de experiência mínima exigida para os trabalhadores habilitados e os requisitos mínimos para o desempenho de cada uma dessas funções estão apresentados no Quadro 2.2.

Quadro 2.2 – *Funções estratégicas presentes no Plano de Cargos e Salários do Porto de Santos, em São Paulo – Cargos comissionados*

Cargos comissionados	Tempo de experiência (Mínimo)	Nível de escolaridade (Mínimo)
Gestão		
Superintendente	8 anos de experiência na área, sendo 4 anos em posição de Liderança e Gestão.	(a) Formação superior completa na área de atuação ou; (b) Formação superior completa em qualquer área com especialização na área de atuação ou; (c) Formação superior completa em qualquer área com experiência comprovada na área de atuação
Gerente	5 anos de experiência na área, sendo 2 anos em posição de Supervisão.	
Gestor de VTMIS [Vessel Traffic Management Information System]	5 anos de experiência na área.	
Assessoramento		
Assessor(a) de Diretor Presidente	5 anos de experiência na área	(a) Formação superior completa na área de atuação ou; (b) Formação superior completa em qualquer área com especialização na área de atuação ou; (c) Formação superior completa em qualquer área com experiência comprovada na área de atuação
Assessor(a) de Diretor	5 anos de experiência na área	
Secretária(o) de Diretor	3 anos de experiência na área	Superior completo, com registro na SRTE – Superintendência Regional do Trabalho e Emprego.

Fonte: Porto de Santos, 2020, p. 5.

No caso do Porto de Santos, os cargos mencionados no Quadro 2.2 podem ser ocupados pelos profissionais que fazem parte das atividades da organização e podem, ainda, ser preenchidos por livre provimento. Considerando o caráter estratégico das funções listadas, devemos considerar que é exigida uma grande especialização de todos os profissionais que atuam e que pretendem atuar nas operações portuárias.

Com relação às atribuições dos superintendentes no Porto de Santos, é importante frisar que eles são responsáveis por:

> Acompanhar e coordenar as atividades executivas da empresa em sua respectiva área de atuação.
> Planejar as atividades da Superintendência, delineando diretrizes e metas a serem atingidas pelos órgãos que a compõem.
> Consolidar os programas de trabalho e as propostas orçamentárias dos órgãos que integram a Superintendência, bem como sugerir modificações que devam ser introduzidas no orçamento em vigor.
> Solicitar às áreas competentes os recursos materiais e humanos necessários ao desenvolvimento das atividades da Superintendência.
> Avaliar sistematicamente os seus subordinados diretos, promovendo-os, ou tomando as medidas corretivas julgadas convenientes.
> Cumprir e fazer cumprir os atos normativos vigentes na empresa, podendo propor à Diretoria Executiva a regulamentação de matérias referentes à sua área de atuação. (Porto de Santos, 2020, p. 14)

A função estratégica dos gerentes consiste em prestar assessoramento técnico ao superintendente da área a que estiverem subordinados. Eles são responsáveis, entre outras atividades, por:

> Dirigir, orientar, coordenar e controlar as atividades da área sob sua responsabilidade.
> Emitir parecer nos assuntos pertinentes à respectiva área de atuação.
> Avaliar, sistematicamente, os seus subordinados diretos, tomando as medidas corretivas julgadas convenientes. (Porto de Santos, 2020, p. 14)

Embora gerentes e superintendentes sejam responsáveis pela formulação da estratégia da empresa portuária, todos os demais profissionais são importantes para o bom andamento das atividades.

Pergunta & resposta

Qual é a importância de um plano de cargos e de salários na atividade portuária?

A elaboração de um plano de cargos e de salários é importante para todas as organizações. No entanto, em setores em que há a necessidade de profissionais altamente especializados, essa importância é ainda mais evidente. No setor portuário, a elaboração e a implantação de um plano de cargos e de salários ajuda no recrutamento e na seleção de profissionais que atuarão no dia a dia das organizações.

Os profissionais responsáveis pelo agenciamento de cargas, mais conhecidos como *agentes de cargas* ou, em inglês, *freight forwarders*, apesar de não estarem dentro da estrutura portuária nem da aeroportuária, são fundamentais para que essas organizações desempenhem seus serviços de transportes de cargas. Trata-se dos profissionais responsáveis, por exemplo, por cuidar de toda "parte documental e física do embarque de cargas, seja para importação ou exportação, zelando sempre pela sua integridade" (Agente..., 2016), também encarrega-se de cuidar adequadamente de procedimentos técnicos.

Compete ainda ao agente de carga "garantir que sua mercadoria será entregue nos termos, condições e períodos estabelecidos. São funções dele também negociar custos de envio e escolher a melhor, mais barata, ágil e eficiente forma de transporte" (Agente..., 2016). Nesse sentido, esse profissional cuida "da documentação exigida para os trâmites de importação e exportação, do seguro e do empacotamento e gestão de inventário" (Agente..., 2016).

As atribuições do profissional agente de cargas podem variar muito de acordo com a operação realizada por ele ou, ainda, com a estrutura da empresa para realizar suas atividades de comércio exterior. Em linhas gerais, para as pequenas e médias empresas com algum nível de internacionalização e que, por isso, realizam importações e exportações, o agente de cargas pode ter um conjunto bem mais robusto de atribuições. As principais são:

› coordenar todo o processo de separação, empacotamento e identificação dos produtos frutos da importação ou exportação;
› providenciar todas as licenças necessárias, bem como cuidar da preparação de toda a documentação para o despachante aduaneiro a fim de que a mercadoria possa ser transportada dentro dos padrões previamente estabelecidos pela companhia marítima ou aérea;
› realizar, em nome da empresa, o pagamento de todas as taxas e tributos relacionados à operação;
› organizar e disponibilizar toda a documentação exigida para a realização do transporte internacional;
› contratar o seguro de transporte de mercadoria – entretanto, essa contratação fica a cargo do cliente, que pode optar por não contratar o serviço;

> avaliar os modais disponíveis para a concretização das exportações ou importações – essa analise se estende desde o país de origem da mercadoria até o país de destino;
> conectar fornecedores e clientes de maneira a facilitar a comunicação e, assim, os processos de negociação e favorecimento das relações comerciais;
> monitorar todos os deslocamentos dos produtos em seus respectivos modais, informando o cliente sobre a localização e o tempo de espera para a chegada da mercadoria.

Em suma, o agente de cargas tem um papel fundamental em todos os processos de transporte pelo quais passam as cargas provenientes ou destinadas ao exterior.

2.2 A Constituição Federal e as garantias aos trabalhadores portuários

A Constituição Federal de 1988 (Brasil, 1988) é considerada um marco da história democrática do Brasil. Promulgada após longos anos sem a participação direta da população na escolha de governos, trouxe, no final dos anos de 1980, uma série de mudanças e de direitos para a sociedade brasileira.

O que é

A **Constituição Federal de 1988** é a lei fundamental do país. Por meio dela, são garantidos os principais direitos e deveres da população e são estabelecidos diversos mecanismos de proteção individual. Em linhas gerais, as normas contempladas na Constituição Federal devem ser respeitadas e asseguradas pelo governo.

Entre as áreas afetadas pela Constituição de 1988, estão as relações trabalhistas. Muitos direitos foram conquistados pelos trabalhadores e uma série de mecanismos de proteção foi desenvolvida, com vistas a lhes garantir uma maior tranquilidade no desempenho de suas funções laborais, independentemente do setor. Nesta seção, abordaremos os principais mecanismos de proteção social.

Exercício resolvido

"Considerada um marco da história democrática do Brasil, após longos anos sem a participação direta da população na escolha de governos, trouxe, no final dos anos de 1980, uma série de mudanças e de direitos para a sociedade brasileira."

Assinale a alternativa que identifica, corretamente, o elemento a que o parágrafo anterior se refere:
a) Norma jurídica aplicada à segurança do trabalhador.
b) Norma contábil aplicada ao setor portuário.
c) Norma aplicada à saúde do trabalhador.
d) Constituição Federal de 1988.

Gabarito: D

***Feedback* do exercício**: A Constituição Federal aprovada no ano de 1988 provocou uma série de mudanças sociais em vários setores.

O art. 7º da Constituição Federal proporciona melhorias na condição social do trabalhador brasileiro, como a proteção do emprego. De acordo com esse direito, um empregador não pode despedir um colaborador de modo arbitrário (sem justa causa) sem garantir-lhe uma indenização. Por sua vez, essa indenização tem o papel de compensá-lo pelo ato do empregador e de garantir sua subsistência até conseguir um novo trabalho.

Com a regra da proteção do emprego, o trabalhador passou a ter maior segurança no desempenho de suas funções, pois sabe que uma demissão repentina lhe renderá uma indenização, o que lhe confere mais tranquilidade.

O direito ao seguro-desemprego é outro importante ponto assegurado aos trabalhadores pela Constituição e estende-se aos trabalhadores portuários. Trata-se de um benefício temporário pago ao trabalhador dispensado de um emprego sem justa causa e serve de remuneração temporária após a demissão. Até meados do ano 2020, o seguro-desemprego era pago por até cinco meses aos trabalhadores demitidos nas condições do programa, podendo ser pago por menos meses, desde que o trabalhador atendesse a alguns requisitos que compõem a norma legal.

Na atividade portuária, os gestores devem, portanto, estar atentos às obrigações seguintes, a fim de garantir que a organização esteja, sempre, de acordo com a legislação pertinente (TST, 2021):

› Fundo de Garantia do Tempo de Serviço (FGTS);
› salário mínimo;
› piso salarial;
› irredutibilidade do salário;
› salário não inferior ao mínimo para remuneração variável;
› décimo terceiro salário;
› remuneração para o trabalho noturno superior ao trabalho diurno;
› proteção ao salário;

- salário família;
- jornada de trabalho de 8 horas diárias;
- jornada de 6 horas diárias para trabalhos realizados em turnos ininterruptos;
- repouso semanal remunerado;
- remuneração de hora extra;
- proibição de discriminação de trabalhadores;
- férias anuais remuneradas;
- licença à gestante;
- licença-paternidade;
- proteção do mercado de trabalho à mulher;
- aviso prévio;
- redução dos riscos inerentes ao trabalho;
- adicional ao salário para o desempenho de atividades insalubres, perigosas e penosas;
- aposentadoria;
- assistência aos filhos e dependentes em creches e pré--escolas até 5 anos de idade;
- reconhecimento das convenções e acordos coletivos de trabalho;
- proibição de distinção entre profissionais;
- seguro contra acidentes de trabalho;
- proteção diante da constante automatização do trabalho;
- igualdade de condições de trabalho entre trabalhadores avulsos e permanentes.

Os gestores portuários devem garantir que as organizações concedam todos os direitos legais a seus trabalhadores. Além disso, essa lista de direitos deve ser considerada na consolidação dos custos da atividade portuária.

Um importante direito a ser considerado pelos gestores portuários é o Fundo de Garantia do Tempo de Serviço (FGTS). Trata-se de um percentual depositado mensalmente pelo empregador, de modo a constituir uma poupança para o empregado. Essa poupança pode ser sacada somente no momento do desligamento do empregado e em situações especiais definidas pelo Governo Federal em dispositivo legal específico. Segundo Silva e Rezende (2016, p. 123),

> O Fundo de Garantia do Tempo de Serviço é um regime criado em 1966, atualmente regido pela Lei nº 8.036/90 e pelo Decreto no 99.684/90. Pelo regime do FGTS, as empresas são obrigadas a depositar mensalmente, em conta bancária específica na Caixa Econômica Federal, importância correspondente a 8% da remuneração paga no mês anterior ao empregado e 2% aos contratados sob regime de aprendizagem.
>
> Os depósitos devem ser realizados, inclusive, quando o empregado estiver afastado por motivo de acidente do trabalho e para prestação de serviço militar. A identificação do empregador no sistema se dará pelo número do CNPJ, e a conta do empregado é identificada pelo número do cadastramento no PIS/PASEP.

Uma importante contribuição para o bem-estar dos trabalhadores portuários e não portuários é a garantia de um salário mínimo, independentemente da localidade da prestação do serviço e do tipo de função desempenhada. Ao garantir um salário mínimo nacional, as leis trabalhistas estabelecem um valor de piso que não pode ser desrespeitado por nenhuma empresa. Portanto, os gestores portuários devem atentar-se, também, a essa normativa. O valor do salário mínimo deve ser fixo e "capaz de atender às suas necessidades vitais básicas e às de sua família com moradia, alimentação, educação, saúde, lazer, vestuário, higiene, transporte e previdência social, com reajustes periódicos que lhe preservem o poder aquisitivo" (Stuchi, 2019, p. 31).

Os direitos trabalhistas mencionados recaem, basicamente, sobre os trabalhadores da atividade portuária que têm vínculo de trabalho com as empresas portuárias. Todavia, há um grupo fundamental de trabalhadores para as operações dos portos: os trabalhadores avulsos, que, por suas especificidades, merecem uma seção específica.

2.3 Trabalhadores avulsos na atividade portuária

A Constituição Federal apresenta uma definição de jornada de trabalho ideal para os trabalhadores, estabelecendo uma quantidade máxima de 44 horas trabalhadas por semana. Essa jornada, portanto, deveria ser cumprida de acordo com as determinações legais, e aos trabalhadores deveriam ser garantidos os períodos de descanso e um dia de descanso semanal remunerado.

No entanto, visto que cada atividade econômica tem suas especificidades, foram criadas possibilidades para que seu adequado funcionamento fosse assegurado sem que se comprometessem os direitos trabalhistas. No setor portuário, em muitos casos, é necessário que os trabalhadores exerçam jornadas com mais de oito horas. Assim, o empregado pode ser contratado na modalidade de tempo integral.

Quando o trabalhador atua em período integral, sua contratação ocorre no

> sistema de doze horas de trabalho por trinta e seis horas de descanso. Pode ser ajustado mediante acordo individual escrito, entre empregado e empregador, ou mesmo mediante cláusula de acordo ou convenção coletiva de trabalho. (Redinz, 2019, p. 25)

Esse formato atende às necessidades das organizações portuárias e respeita o tempo de descanso do trabalhador.

Outra prática que, apesar de ser intensamente debatida no processo de formulação das leis trabalhistas, tem implicação direta na atividade portuária, na qual é muito comum a contratação de trabalhadores avulsos. Segundo o Ministério do Trabalho e Emprego – MTE (Brasil, 2001, p. 26), trabalhador avulso é "aquele que, sindicalizado ou não, presta serviço de natureza urbana ou rural, a diversas empresas, sem vínculo empregatício, com a intermediação obrigatória do órgão gestor de mão de obra".

O trabalhador avulso caracteriza-se, principalmente, por

> prestar serviço sem vínculo empregatício, sem subordinação direta ao tomador de serviços, mas sim com intermediação da entidade de classe (sindicato, associação, órgão gestor ou outro), haja ou não continuidade ou especialidade na prestação do serviço ao tomador. Podemos definir como trabalhador avulso aquele que presta serviços a vários tomadores e que executa serviços de curta duração,

com a intermediação de uma entidade de classe, que faz o seu pagamento sob a forma de rateio. (Monte; Barsano, 2014, p. 140)

O trabalho portuário avulso apresenta algumas características que o diferenciam dos demais tipos. A mais essencial é a intermediação obrigatória pelo órgão gestor de mão de obra (ogmo), não pelo sindicato laboral. Os três principais agentes que regulam as atividades dessa categoria são:

1. OGMO;
2. operador portuário;
3. trabalhador portuário avulso.

O OGMO foi uma criação de uma das versões antigas da Lei de Portos, aprovada no início da década de 1990:

> É uma criação da Lei nº 8.630/93, sendo uma de suas principais inovações. Como representa importante papel no processo de requisição de mão de obra, sua criação foi bastante combatida pelos sindicatos obreiros que o viram como substituto de muitas atribuições que lhes eram próprias. Tem como incumbência principal administrar o fornecimento de mão de obra do trabalhador portuário avulso nos termos da lei e das convenções e acordos coletivos de trabalho. (Brasil, 2001, p. 32)

Por sua vez, a Nova Lei dos Portos (Lei n. 12.815/2013) apresenta com maior clareza jurídica a figura do trabalhador avulso na atividade portuária. Entre suas principais disposições para o trabalho avulso, está a necessidade de que, além da organização contratante e do trabalhador, exista um intermediário que organize a prestação do serviço, justamente o OGMO, cujas funções são:

> administrar a força de trabalho do trabalhador portuário que presta serviço para uma única empresa e do trabalhador portuário que trabalha na modalidade avulsa;
> apresentar e manter, de maneira exclusiva, um cadastro de todos os trabalhadores que atuam no setor portuário;
> capacitar, treinar e habilitar os indivíduos que pretendam exercer funções na atividade portuária;
> selecionar, registrar e cadastrar todos os trabalhadores que pretendam exercer funções na atividade portuária;
> estabelecer e organizar o número de vagas no setor portuária e a forma de distribuí-las, além de definir a periodicidade de divulgação dessas vagas;
> expedir documentos que permitam identificar os trabalhadores portuários, distinguindo-os dos demais;
> efetuar a arrecadação e o repasse das remunerações relativas à prestação dos serviços portuários. Portanto, o OGMO tem como algumas de suas principais funções intermediar os pagamentos e realizar os descontos e as efetivas arrecadações de todas as tarifas previdenciárias e sociais, de modo que os trabalhadores tenham seus direitos garantidos.

Há, ainda, a possibilidade de os trabalhadores portuários avulsos constituírem organizações, denominadas *cooperativas de trabalhadores*, que os auxiliam na busca por melhores condições de trabalho. Para que essas cooperativas tenham validade, faz-se necessário que atendam aos seguintes requisitos:

- devem constituir-se nos termos da Lei n. 5.764, de 16 de dezembro de 1971 (Brasil, 1971), responsável por atender aos requisitos de constituição de cooperativas de prestação de serviços no Brasil;
- devem ter cooperados que sejam trabalhadores avulsos registrados em seus quadros;
- precisam obter com as administrações dos portos em que pretendem atuar uma pré-qualificação.

No que diz respeito à remuneração dos trabalhadores avulsos, é importante ressaltar que estes

> têm sua remuneração definida por salário-dia, que é fixo, ou por salário-produção, que é variável.
>
> O salário-dia é uniforme, ou seja, é o mesmo, qualquer que seja a operação, e a remuneração por produção é específica de cada faina e calculada de acordo com sua natureza: taxa por tonelada, taxa por contêiner, etc.
>
> O que prevalece é a maior remuneração do dia, se a produção supera a diária, o trabalhador percebe a produção. O salário, tradicionalmente, é calculado para todos os trabalhadores do terno, ou seja, o salário-produção é devido a cada trabalhador da equipe que alcançou aquele resultado. Também se faz presente neste momento a "filosofia do terno", onde o mesmo [sic] tem vida própria, é o terno que produz, e não o estivador individualizadamente. (Magioli, 2008)

O operador portuário ou tomador de mão de obra do trabalhador avulso deve requisitar os trabalhadores necessários para as operações de carga e descarga ao OGMO. Este, por sua vez, precisa respeitar a composição das equipes de trabalho prevista em convenção coletiva ou em acordo coletivo. É função única e exclusiva do OGMO escalar os trabalhadores – ou seja, transformar números em nomes por meio do rodízio –, garantindo, assim, que eles sejam remunerados de modo equilibrado.

> **O que é**
>
> Uma **cooperativa** corresponde a uma sociedade constituída por trabalhadores no exercício de suas atividades profissionais. São organizações autônomas e autogerenciadas, as quais visam a melhorias de qualificação, renda, situação socioeconômica e condições gerais de trabalho.

2.4 Condições de trabalho e prevenção de acidentes no setor portuário

A legislação trabalhista brasileira impõe às organizações de todos os setores uma série de obrigações, com o intuito de oferecer boas condições de segurança e de saúde aos trabalhadores. Para que se cumpram os ditos legais, são constituídos órgãos internos nas empresas com o objetivo de garantir condições seguras para que o trabalhador desempenhe suas atividades.

A Comissão Interna de Prevenção de Acidentes (Cipa) é um dos grandes marcos na busca pela minimização dos riscos nas atividades laborais dos trabalhadores. A constituição da CIPA tem o objetivo de tornar o ambiente laboral mais seguro e livre de acidentes que possam prejudicar as operações ou causar lesões aos trabalhadores (Paoleschi, 2009).

Para que a Cipa tenha validade legal, deve ser constituída por trabalhadores escolhidos pela organização e por meio de eleições internas, tal que os colaboradores escolhem seus representantes. Os trabalhadores que atuam na Cipa são, costumeiramente, chamados de *cipeiros*. Entre suas principais funções, podemos listar:

› defender os interesses dos trabalhadores do ponto de vista da segurança no desempenho de suas funções;
› propor melhorias e cobrar dos gestores da organização sua implantação, com vistas à segurança dos trabalhadores;
› cobrar prazos e explicações das organizações quanto às soluções de quaisquer problemas que possam colocar em risco a vida dos trabalhadores;
› colaborar com a empresa no processo de conscientização e fiscalização dos funcionários quanto ao uso de equipamentos e procedimentos de segurança.

Para que a Cipa possa realizar seu trabalho de modo eficiente, a Consolidação das Leis do Trabalho (CLT) – Decreto-Lei n. 5.452, de 1º de maio de 1943 (Brasil, 1943) – garante que seus profissionais tenham seus empregos garantidos durante o período do mandato e em um período posterior. Ao "cipeiro", é garantida estabilidade e, "logo, autonomia para agir, criticar e cobrar a fábrica. Com estabilidade o cipeiro não corre o risco de demissão involuntária" (Paoleschi, 2009, p. 18).

O profissional que ocupar qualquer cargo na Cipa precisa buscar conhecimentos a respeito das normas de segurança que fazem parte das organizações. No setor portuário, por conta do tamanho das estruturas, é natural a existência da Cipa como órgão para a prevenção de acidentes e para a melhoria da segurança.

O tamanho da Cipa de cada organização varia de acordo com o número global de colaboradores. Assim, o respectivo dimensionamento deve "considerar todos os trabalhadores naquele estabelecimento, celetistas e estatutários. Não deve englobar, entretanto, os prestadores de serviços que estejam em atividades no estabelecimento e que sejam contratados por outra empresa" (Paoleschi, 2009, p. 20).

2.5 Medicina e saúde do trabalhador portuário

A medicina e a saúde do trabalhador são determinantes para as atuações dos gestores portuários. Inclusive, de acordo com a legislação trabalhista, manter essa relação é obrigatório, já que a CLT e algumas normas regulamentadoras impõem que as organizações garantam a saúde de seus trabalhadores.

A fim de preservar a saúde dos colaboradores, as empresas do setor portuário contam, em sua estrutura, com um órgão denominado *Serviço Especializado de Segurança e Medicina do Trabalho* (Sesmt). Para Silva e Rezende (2016, p. 158), "O SESMT tem como objetivo promover a saúde e proteger a integridade do trabalhador no local de trabalho. Para obter melhores resultados, esse departamento deve manter entrosamento permanente com a CIPA e com os gestores da organização".

Os trabalhadores também têm responsabilidades na busca por melhores condições de saúde no ambiente de trabalho. Segundo a CLT, eles responsabilizam-se por observar as normas de segurança e de medicina do trabalho, colaborando, assim, com as organizações no que se refere a seu cumprimento. Isso possibilita uma melhora geral na qualidade do trabalho.

Nesse sentido, o Ministério do Trabalho, em parceria com outros órgãos e entidades, elaborou normas regulamentadoras (NR) para diversos aspectos do trabalho, totalizando 37 em 2020. Entre essas normas, algumas são fundamentais para o trabalho portuário, a saber:

> NR-1: Disposições gerais e gerenciamento de riscos ocupacionais – Início de vigência: um ano a partir da publicação da Portaria n. 6.730, de 9 de março de 2020, da Secretaria Especial de Previdência e Trabalho (Seprt).
> NR-3: Embargo ou interdição – Última modificação: Portaria SEPRT n. 1.069, de 23 de setembro de 2019.
> NR-4: Serviços especializados em engenharia de segurança e em medicina do trabalho – Última modificação: Portaria n. 510, de 29 de abril de 2016, do Ministério do Trabalho e Previdência Social (MTPS).
> NR-5: Comissão Interna de Prevenção de Acidentes – Última modificação: Portaria SEPRT n. 915, de 30 de julho de 2019.
> NR-6: Equipamento de proteção individual (EPI) – Última modificação: Portaria n. 877, de 24 de outubro de 2018, do Ministério do Trabalho (MTb). Manual de Orientação para Especificação das Vestimentas de Proteção contra os Efeitos Térmicos do Arco Elétrico e do Fogo Repentino.

› NR-7: Programa de Controle Médico de Saúde Ocupacional. Última modificação: Portaria MTb n. 1.031, de 6 de dezembro de 2018;
› NR-8: Edificações – Última modificação: Portaria n. 222, de 6 de maio de 2011, da Secretaria de Inspeção do Trabalho (SIT).
› NR-9: Programa de Prevenção de Riscos Ambientais – Última modificação: Portarias SEPRT n. 1.358 e n. 1.359, de 9 de dezembro de 2019.
› NR-10: Segurança em instalações e serviços em eletricidade – Última modificação: Portaria SEPRT n. 915, de 30 de julho de 2019.
› NR-11: Transporte, movimentação, armazenagem e manuseio de materiais – Última modificação: Portaria MTPS n. 505, de 29 de abril de 2016.
› NR-12: Segurança no trabalho em máquinas e equipamentos – Última modificação: Portaria SEPRT n. 916, de 30 de julho de 2019.
› NR-13: Caldeiras, vasos de pressão e tubulações e tanques metálicos de armazenamento – Última modificação: Portaria SEPRT n. 915, de 30 de julho de 2019.
› NR-14: Fornos – Última modificação: Portaria n. 12, de 6 de junho de 1983, da Secretaria de Segurança e Medicina do Trabalho (SSMT).
› NR-15: Atividades e operações insalubres – Última modificação: Portaria SEPRT n. 1.359, de 9 de dezembro de 2019.
› NR-16: Atividades e operações perigosas – Última modificação: Portaria SEPRT n. 1.357, de 9 de dezembro de 2019.
› NR-17: Ergonomia – Última modificação: Portaria MTb n. 876, de 24 de outubro de 2018.

- NR-18: Condições e meio ambiente de trabalho na indústria da construção – Última modificação: Portaria MTb n. 261, de 18 de abril de 2018.
- NR-19: Explosivos – Última modificação: Portaria SIT n. 228, de 24 de maio de 2011.
- NR-20: Segurança e saúde no trabalho com inflamáveis e combustíveis – Última modificação: Portaria SEPRT n. 1.360, de 9 de dezembro de 2019.
- NR-21: Trabalhos a céu aberto – Última modificação: Portaria GM n. 2.037, de 15 de dezembro de 1999.
- NR-22: Segurança e saúde ocupacional na mineração – Última modificação: Portaria MTb n. 1.085, de 18 de dezembro de 2018.
- NR-23: Proteção contra incêndios – Última modificação: Portaria SIT n. 221, de 6 de maio de 2011.
- NR-24: Condições sanitárias e de conforto nos locais de trabalho – Última modificação: Portaria SEPRT n. 1.066, de 23 de setembro de 2019.
- NR-25: Resíduos industriais – Última modificação: Portaria SIT n. 253, de 4 de agosto de 2011.
- NR-26: Sinalização de segurança – Última modificação: Portaria n. 704, de 28 de maio de 2015, do Ministério do Trabalho e Emprego (MTE).
- NR-28: Fiscalização e penalidades – Última modificação: Portaria SEPRT n. 9.384, de 6 de abril de 2020.
- NR-29: Norma Regulamentadora de Segurança e Saúde no Trabalho Portuário.
- NR-30: Segurança e saúde no trabalho aquaviário – Última modificação: Portaria MTE n. 1.186, de 20 de dezembro de 2018.

> NR-31: Segurança e saúde no trabalho na agricultura, pecuária, silvicultura, exploração florestal e aquicultura – Última modificação: Portaria MTE n. 1.086, de 18 de dezembro de 2018.
> NR-32: Segurança e saúde no trabalho em serviços de saúde – Última modificação: Portaria SEPRT n. 915, de 30 de julho de 2019.
> NR-33: Segurança e saúde nos trabalhos em espaços confinados – Última modificação: Portaria SEPRT n. 915, de 30 de julho de 2019.
> NR-34: Condições e meio ambiente de trabalho na indústria da construção, reparação e desmonte naval – Última modificação: Portaria SEPRT n. 915, de 30 de julho 2019.
> NR-35: Trabalho em altura – Última modificação: Portaria SEPRT n. 915, de 30 de julho de 2019.
> NR-36: Segurança e saúde no trabalho em empresas de abate e processamento de carnes e derivados.
> NR-37: Segurança e saúde em plataformas de petróleo – Última modificação: Portaria SEPRT n. 1.412, de 17 de dezembro de 2019.

Para saber mais

ENIT – Escola Nacional da Inspeção do Trabalho. Disponível em: <https://www.gov.br/trabalho-e-previdencia/pt-br/composicao/orgaos-especificos/secretaria-de-trabalho/inspecao/escola>. Acesso em: 20 nov. 2021.

A Escola Nacional da Inspeção do Trabalho tem como principal função capacitar os profissionais quanto às normas regulamentadoras de segurança no ambiente de trabalho.

Quando observamos as diferentes NRs mencionadas, notamos que algumas são genéricas, podendo ser aplicadas a diversas organizações, independentemente do setor. Entretanto, algumas são exclusivas para certos setores da economia, por exemplo, a NR-36, que orienta a indústria de carnes.

A maioria das NRs aplica-se ao setor portuário e investe em boas condições de trabalho e na saúde dos trabalhadores. Por si só, a atividade portuária é de alto risco, por diversas razões, como a proximidade do mar e todas as consequências que isso acarreta, e a movimentação de grandes volumes de carga e de contêineres em altura. Nesse sentido, os gestores portuários devem conhecer os riscos de acidentes em suas organizações e encontrar formas de minimizá-los.

Um acidente de trabalho é aquele que ocorre no exercício da função laboral. Em linhas gerais, pode provocar lesão corporal e, até mesmo, a morte do trabalhador. Pode, ainda, ser responsável pela perda, permanente ou temporária, de alguma capacidade do colaborador – relacionada aos seus sentidos (audição, fala ou visão), por exemplo.

O art. 21 da Lei n. 8.213, de 24 de julho de 1991 (Brasil, 1991), dispõe acerca das categorias de acidente de trabalho no país:

> Art. 21. Equiparam-se também ao acidente do trabalho, para efeitos desta Lei:
>
> I – o acidente ligado ao trabalho que, embora não tenha sido a causa única, haja contribuído diretamente para a morte do segurado, para redução ou perda da sua capacidade para o trabalho, ou produzido lesão que exija atenção médica para a sua recuperação;

II – o acidente sofrido pelo segurado no local e no horário do trabalho, em consequência de:

a) ato de agressão, sabotagem ou terrorismo praticado por terceiro ou companheiro de trabalho;

b) ofensa física intencional, inclusive de terceiro, por motivo de disputa relacionada ao trabalho;

c) ato de imprudência, de negligência ou de imperícia de terceiro ou de companheiro de trabalho;

d) ato de pessoa privada do uso da razão;

e) desabamento, inundação, incêndio e outros casos fortuitos ou decorrentes de força maior;

III – a doença proveniente de contaminação acidental do empregado no exercício de sua atividade;

IV – o acidente sofrido pelo segurado ainda que fora do local e horário de trabalho:

a) na execução de ordem ou na realização de serviço sob a autoridade da empresa;

b) na prestação espontânea de qualquer serviço à empresa para lhe evitar prejuízo ou proporcionar proveito;

c) em viagem a serviço da empresa, inclusive para estudo quando financiada por esta dentro de seus planos para melhor capacitação da mão de obra, independentemente do meio de locomoção utilizado, inclusive veículo de propriedade do segurado;

d) no percurso da residência para o local de trabalho ou deste para aquela, qualquer que seja o meio de locomoção, inclusive veículo de propriedade do segurado.

Conforme indica o inciso IV, alínea "d", desse artigo, o acidente de trajeto também é considerado acidente de trabalho no Brasil. Trata-se de um tipo muito peculiar e ocorre ou durante o deslocamento do trabalhador até seu local de trabalho, ou no percurso inverso, quando retorna para sua residência após um dia de trabalho.

Muitas organizações têm, em sua estrutura e em suas atividades, setores que expõem seus trabalhadores a níveis maiores ou menores de risco. Assim, quando tratamos das organizações portuárias, é normal que os trabalhadores dos setores administrativos estejam menos expostos aos riscos do que aqueles que movimentam cargas a vários metros de altura ou que entram e saem de inúmeras embarcações.

No Brasil, são consideradas atividades perigosas aquelas que, em razão de sua natureza, implicam um risco acentuado aos trabalhadores no decorrer de seu desenvolvimento, como as que envolvem inflamáveis, explosivos e energia elétrica; roubos e outras espécies de violência física nas atividades profissionais de segurança pessoal e patrimonial; e condução de motocicleta.

Caso um trabalhador seja exposto, durante a execução de seu trabalho, a uma atividade perigosa, terá alguns direitos especiais:

> O trabalho nessas condições dá ao empregado o direito ao adicional de periculosidade, cujo valor é de 30% sobre seu salário contratual, sem os acréscimos resultantes de

gratificações, prêmios ou participações nos lucros da empresa. Se o empregado trabalhar em serviço insalubre e perigoso, deve optar pelo adicional de um dos dois. A periculosidade é caracterizada por perícia a cargo de Engenheiro do Trabalho ou Medico do Trabalho, registrados no Ministério do Trabalho (MTE). (Silva; Rezende, 2016, p. 97)

A CLT informa, ainda, que as organizações que executam atividades insalubres são

> aquelas que, por sua natureza, condições ou métodos de trabalho, exponham os empregados a agentes nocivos à saúde, acima dos limites de tolerância fixados em razão da natureza e da intensidade do agente e do tempo de exposição aos seus efeitos. (Monte; Barsano, 2014, p. 152)

Como gratificação pela exposição aos riscos, será concedido um benefício diferente para cada um dos três graus de insalubridade previstos pelas normas trabalhistas:

› 40% para insalubridade de grau máximo;
› 20% para insalubridade de grau médio;
› 10% para insalubridade de grau mínimo.

No caso de um trabalhador executar mais de uma atividade com graus distintos de insalubridade, a lei não determina que os percentuais sejam somados. Então, a organização paga somente o percentual aplicado à atividade com maior grau.

No setor portuário, no que tange aos acidentes de trabalho, é importante que as empresas busquem formas de minimizá-los e de reparar eventuais danos a seus trabalhadores.

Para saber mais

PORTO Itapoá iniciou sua operação com a chegada do primeiro navio. **Economia & Negócios: revista portuária**. 30 jun. 2011. Disponível em: <http://www.revistaportuaria.com.br/noticia/13191>. Acesso em: 20 nov. 2021.

Leia o texto "Porto Itapoá iniciou sua operação com a chegada do primeiro navio" e conheça alguns benefícios percebidos em uma cidade e em suas adjacências com a abertura de um porto na região.

Síntese

› As especificidades das operações portuárias demandam a contratação de profissionais variados para atuar em seu funcionamento.
› Os trabalhadores das atividades portuárias podem ocupar funções operacionais, gerenciais e estratégicas em seus mais diferentes setores.
› A existência de riscos ocupacionais na atividade portuária faz com que os gestores se preocupem com o estabelecimento de um ambiente seguro para os trabalhadores.
› A Comissão Interna de Prevenção de Acidentes (Cipa) é fundamental para garantir boas condições de trabalho nas organizações portuárias.

3

Regulamentação, administração, trabalho e serviços em aeroportos

Conteúdos do capítulo

> Organização da Aviação Civil Internacional (Oaci).
> Empresa Brasileira de Infraestrutura Aeroportuária (Infraero).
> Principais funções dos trabalhadores nas organizações aeroportuárias.
> Segurança dos trabalhadores aeroportuários.
> Riscos, condições de trabalho e principais especificidades do trabalho aeroportuário.
> Normas regulamentadoras do trabalho aeroportuário.

Após o estudo deste capítulo, você será capaz de:

1. elencar os tipos de profissionais que atuam nas operações aeroportuárias;
2. identificar as principais operações aeroportuárias do Brasil e do mundo;
3. compreender as especificidades do transporte aéreo de passageiros e de cargas;
4. discutir as normas regulamentadoras que incidem sobre a atividade aeroportuária no Brasil e no mundo.

Os TRABALHADORES SÃO INDISPENSÁVEIS PARA QUALQUER tipo de empresa, sendo, na maioria das vezes, responsáveis pelo sucesso dos negócios e por diferenciais no atendimento aos clientes e usuários dos serviços. Nesse sentido, os gestores das organizações coordenam processos, selecionam os melhores profissionais, ofertam opções de capacitação e incentivam o trabalho em equipe, a fim de que organização funcione corretamente e cumpra os anseios de seus clientes.

Em organizações aeroportuárias, inúmeras particularidades do setor influenciam os profissionais e suas atividades. Neste capítulo, abordaremos diversas características do trabalho em aeroportos. Discutiremos, especialmente, como os gestores dessas organizações precisam lidar com essas características.

No caso das empresas portuárias, de acordo com o que estudamos no capítulo anterior, é comum que as funções e os cargos desempenhados estejam mais voltados para o transporte de cargas. Entretanto, devemos considerar que alguns grandes portos também realizam embarque e desembarque de passageiros, como é o caso dos portos do Rio de Janeiro e de Santos. Se, nas organizações portuárias, os profissionais têm uma maior especialização nas operações de transportes de cargas, os profissionais das organizações aeroportuárias especializam-se principalmente no transporte de pessoas.

Todavia, são inúmeros os profissionais que, nos aeroportos, ocupam-se do transporte de mercadorias por aeronaves. Nesse contexto, os gestores de aeroportos devem estar sempre atentos às multiplicidades de processos e de atividades do dia a dia de suas operações e à demanda por profissionais habilitados e conhecedores do setor.

Ainda, trataremos dos principais colaboradores que atuam em um aeroporto, dos tipos de profissionais mais requisitados, bem como suas formações e sua importância para que uma operação aeroportuária funcione correta e eficientemente. Destacaremos também os principais componentes de um aeroporto e sua contribuição para o funcionamento de todo o negócio.

3.1 Atuação da Organização da Aviação Civil Internacional (Oaci)

Ao tratar da gestão de aeroportos, vale salientar que suas operações, por conta de sua estratégica importância, são regulamentadas e normatizadas nacional e internacionalmente. Por isso, os gestores devem considerar a existência de algumas entidades internacionais que controlam o processo de regulamentação de normas que afetam suas operações.

Como as entidades internacionais do transporte de passageiros e de cargas ditam normas tanto para aeroportos quanto para portos, enfatizaremos, aqui, a principal entidade das operações aeroportuárias do mundo: a Organização da Aviação Civil Internacional (Oaci).

Segundo a Agência Nacional de Aviação Civil (Anac), a Oaci

> é uma agência especializada das Nações Unidas [...] responsável pela promoção do desenvolvimento seguro e ordenado da aviação civil mundial, por meio do estabelecimento de Normas e Práticas Recomendadas SARPs (do inglês: *Standard and Recommended Practices*), e políticas de apoio para segurança, eficiência e regularidade aéreas, bem como para sustentabilidade econômica e responsabilidade ambiental. Com sede em Montreal,

Canadá, a OACI é a principal organização governamental de aviação civil, sendo formada por 193 Estados- membros [...] e representantes de indústria e de profissionais da aviação. (Anac, 2016)

A entidade foi criada após a Segunda Guerra Mundial, findada em 1945, época em que a comunidade internacional notou o rápido crescimento da aviação comercial e constatou a necessidade de normatizar esse tipo de transporte entre as nações. Desde sua fundação até os dias atuais, a Oaci publicou documentos essenciais para a aviação civil. A seguir, detalharemos os principais.

Convention on International Civil Aviation (Doc 7300)

Essa convenção originou um pacto global sobre a aviação civil. Foi publicada em 7 de dezembro de 1944, tendo sido ratificada, inicialmente, por 52 Estados. Esse documento foi substituído pela Oaci, que surgiu em 4 de abril de 1947. No mesmo ano, a instituição tornou-se uma agência especializada da Organização das Nações Unidas (ONU), vinculando-se ao Conselho Econômico e Social (Ecosoc).

Working Arrangements Between the International Civil Aviation Organization and the World Meteorological Organization (Doc 7475)

Esse documento estabeleceu um pacto de cooperação entre a Oaci e a Organização Meteorológica Mundial. Com isso, estipulou-se que as empresas aéreas e os aeroportos adotariam os dados fornecidos pelas instituições vinculadas a esta.

Standing Rules of Procedure of the Assembly of the International Civil Aviation Organization (Doc 7600)

Esse documento estabeleceu os procedimentos permanentes da montagem e do funcionamento da Oaci. Além disso, firmou as funções do comitê executivo da instituição:

a. a apresentação à Assembleia, quando necessário, de lista dos Estados Contratantes desejosos de serem considerados para eleição para o Conselho;
b. a consideração de alterações ou a adição de itens para a agenda da Assembleia [...];
c. a consideração e o relatório sobre tais itens da agenda conforme a Assembleia pode referir-se a ela;
d. a apresentação de recomendações à Assembleia sobre a organização e a condução dos negócios da Assembleia;
e. a assessoria ao presidente da Assembleia, sob seu pedido, sobre questões que requeiram sua decisão. (Icao, 2014, p. 6, tradução nossa)

ICAO's Policies on Taxation in the Field of International Air Transport (Doc 8632)

Esse documento normatiza a tributação de combustíveis, lubrificantes e outros suprimentos técnicos para aviação civil de consumo, "quando uma aeronave registrada em um Estado chega ou sai de um território aduaneiro de outro Estado; [...] quando uma aeronave registrada em um Estado faz paradas sucessivos em dois ou mais aeroportos em um território aduaneiro de outro Estado; [... para] empresas de transporte aéreo internacional" (Icao, 2000, p. 3, tradução nossa).

Manual of Civil Aviation Medicine (Doc 8984)

A elaboração desse manual, que orienta as empresas na realização de serviços médicos para passageiros de transporte aéreo, é um dos grandes avanços da Oaci. Esse manual objetiva, entre outras coisas,

> ajudar e orientar examinadores médicos designados, avaliadores médicos e autoridades licenciadoras em decisões relativas à aptidão médica dos requerentes de licença [...] esse manual também poderia ser útil para complementar a Pós-Graduação teórica e prática devidamente supervisionada em Medicina de Aviação. Assim, os capítulos do manual foram editados para que também possam servir de livro didático. Ao longo do manual é possível conhecer as orientações detalhadas sobre o treinamento aeromédico para examinadores médicos. (Icao, 2012a, p. vi, tradução nossa)

A existência de um manual acerca dos tipos, das características e das formas de atendimento médico nas operações de aviação civil é de grande relevância para todas as organizações do setor.

ICAO's Policies on Charges for Airports and Air Navigation Services (Doc 9082)

Compreende os requisitos e os principais aspectos que podem ser utilizados pelas administrações de aeroportos quando forem criar, implementar, aumentar e diminuir as taxas cobradas em suas operações. É uma norma fundamental para os gestores de aeroportos, pois tem ampla aceitação mundial e tem aplicação obrigatória no país. Por isso, é necessário considerar todos os aspectos relacionados a essa norma no momento de precificar seus produtos.

Considerando a importância do Doc 9082 para toda a atividade de gestão de portos e de aeroportos, elaboramos o Quadro 3.1 com as principais informações que impactam a precificação de serviços de aeroportos no mundo todo.

Quadro 3.1 – *Políticas de taxas de aeroportos conforme a determinação da Oaci*

| Sistemas de cobrança de aeroportos | Devem ser escolhidos de acordo com os seguintes princípios:
› qualquer sistema de cobrança deve, na medida do possível, ser simples e adequado para aplicação geral em aeroportos internacionais;
› as taxas não devem ser impostas de modo a desencorajar o uso das instalações e dos serviços necessários para a segurança, como iluminação e ajudas à navegação;
› os encargos devem ser determinados com base em princípios contábeis sólidos e podem refletir aspectos econômicos, desde que estejam em conformidade com o art. 15 da Convenção sobre Aviação Civil Internacional e com outros princípios nas presentes políticas;
› as cobranças devem ser não discriminatórias tanto entre usuários estrangeiros quanto entre os naturais ou naturalizados do Estado em que o aeroporto está localizado e que realiza operações internacionais semelhantes, e entre dois ou mais usuários estrangeiros;
› de acordo com a forma de fiscalização econômica adotada, os Estados devem avaliar, caso a caso, de acordo com as circunstâncias locais ou nacionais, os efeitos positivos e negativos das taxas aplicadas pelos aeroportos; os Estados devem garantir que a finalidade, a criação e os critérios de diferenciação das taxas sejam transparentes, sem prejuízos aos esquemas de cobrança modulados; os custos associados a tais encargos diferenciais não devem ser atribuídos a usuários que não se beneficiam deles; taxas oferecidas com o objetivo de atrair e reter novos serviços aéreos só devem ser oferecidas temporariamente;
› para evitar perturbações indevidas para os utilizadores, os aumentos das tarifas devem ser introduzidos de forma gradual; no entanto, reconhece-se que, em algumas circunstâncias, um desvio dessa abordagem pode ser necessário;
› quando as taxas são cobradas por diferentes entidades em um aeroporto, devem, na medida do possível, ser consolidadas para fins de faturamento; as receitas combinadas devem ser distribuídas entre as entidades em causa, conforme isso for aplicável;
› a flexibilidade máxima deve ser mantida na aplicação de todos os métodos de cobrança, para permitir a introdução de técnicas aprimoradas à medida que são desenvolvidas;
› as taxas aeroportuárias cobradas na aviação geral internacional, incluindo a aviação executiva, devem ser avaliadas de modo razoável, tendo em conta o custo das instalações necessárias e utilizadas e o objetivo de promover o desenvolvimento sólido da aviação civil internacional como um todo. |

(continua)

(Quadro 3.1 – continuação)

Taxas de pouso	Os seguintes princípios devem considerados quando as taxas de pouso são estabelecidas: › as taxas de pouso devem ser baseadas na fórmula de peso da aeronave. A decolagem máxima certificada e o peso indicado no certificado de navegabilidade (ou em outro documento prescrito) devem ser usados, considerando as restrições locais que podem afetar o peso máximo de decolagem da aeronave; › quando as taxas de aproximação e de controle de aeródromo são cobradas, como parte da taxa de pouso ou separadamente, devem ser consistentes com as políticas de taxas de serviços de navegação aérea; › comprimento do palco voado não deve ser um fator na determinação das taxas de pouso.
Taxas de estacionamento e de hangar	Os seguintes princípios devem ser aplicados no estabelecimento de taxas de estacionamento e de hangar: › para a determinação das taxas associadas ao uso de estacionamento, de hangar e de armazenamento de longo prazo da aeronave, devem ser utilizados, tanto quanto for possível, como base a duração da estadia, o peso máximo de decolagem permitido e/ou as dimensões da aeronave (área ocupada); › qualquer período de estacionamento gratuito para aeronaves imediatamente após o pouso deve ser determinado localmente, considerando a programação da aeronave, a disponibilidade de espaço e outros fatores pertinentes.
Taxas de serviço de passageiros	A eficiência da cobrança de taxas aeroportuárias dos passageiros deve ser considerada, para evitar filas e atrasos nos aeroportos. Recomenda-se que, quando a cobrança de uma taxa de serviço diretamente dos passageiros em um aeroporto dá origem a problemas de facilitação, as taxas sejam cobradas pelos operadores das aeronaves, se possível. A necessidade de consultas entre entidades aeroportuárias e utentes em nível local, com vistas a atenuar problemas de coleta, deve ser enfatizada.
Taxas de segurança	Os Estados são responsáveis por garantir a implementação de medidas de segurança adequadas nos aeroportos, de acordo com as disposições de segurança da Convenção sobre Aviação Civil Internacional. Podem delegar a tarefa de fornecer funções de segurança individual a instituições como entidades aeroportuárias, operadores de aeronaves e polícia local. Cabe, ainda, aos Estados determinar em quais circunstâncias e em que medida os custos de instalações e serviços de segurança e devem ser de responsabilidade sua, pelas entidades aeroportuárias e/ou de outras entidades responsáveis.
Taxas relacionadas ao ruído	Embora reduções no ruído das aeronaves na fonte sejam uma realidade, muitos aeroportos precisam manter a aplicação de medidas de redução e de prevenção de ruído. Os custos incorridos na implementação dessas medidas podem, a critério dos Estados, ser atribuídos aos aeroportos e recuperados dos usuários. Os Estados têm flexibilidade para decidir o método de recuperação de custos e de cobrança a ser usado à luz das circunstâncias locais.

(Quadro 3.1 – continuação)

Encargos de aeronaves relacionados a emissões para resolver problemas de qualidade do ar local (LAQ) nos aeroportos e em seu entorno	Embora as reduções de certos poluentes emitidos por motores de aeronaves que afetam a LAQ sejam visadas por uma série de medidas de natureza técnica e/ou operacional, alguns Estados podem optar por aplicar taxas de emissões para resolver os problemas de LAQ nos aeroportos e em seus arredores. Os custos para a implementação dessas medidas podem, a critério dos Estados, ser atribuídos aos aeroportos e recuperados dos usuários. Os Estados têm flexibilidade para decidir o método de recuperação de custos e de cobrança a ser usado à luz das circunstâncias locais.
Desenvolvimento de receitas de concessões, de aluguel de instalações e de "zonas francas"	A receita derivada de fontes como concessões, aluguéis de instalações e "zonas francas" é importante para aeroportos. Recomenda-se que, com exceção das concessões que estão diretamente associadas à operação aérea, como combustível, *catering* a bordo e assistência em solo, receitas não aeronáuticas sejam totalmente desenvolvidas, tendo em mente os interesses e as necessidades dos passageiros e do público, garantindo a eficiência do terminal.
Taxas de concessão de combustível	Nos lugares em que as taxas de "transferência" de combustível são impostas, devem ser reconhecidas pelas entidades aeroportuárias como encargos de concessão de natureza aeronáutica. As concessionárias de combustíveis não devem adicioná-los, automaticamente, ao preço de combustível para operadores de aeronaves, embora possam incluí-los, adequadamente, como um componente de seus custos na negociação de preços de fornecimento com operadores de aeronaves. O nível de encargos de "transferência" de combustível pode refletir-se no valor das concessões a fornecedores de combustível e deve ser relacionado ao custo das instalações fornecidas, se houver. Alternativamente, consideração pode ser dada, quando isso for viável, à substituição de taxas de "transferência" por taxas de concessão fixas, refletindo o valor da concessão e os custos das instalações fornecidas, se houver. Quando forem impostas quaisquer cobranças e taxas, estas devem ser avaliadas pelos operadores aeroportuários, de modo a evitar efeitos discriminatórios, diretos e indiretos, para os fornecedores e os operadores de aeronaves, a fim de evitar que se tornem um obstáculo ao progresso da aviação civil.
Base de custo para taxas de serviços de navegação aérea	Como princípio geral, quando os serviços de navegação aérea são prestados para uso internacional, o Estado pode exigir que os usuários paguem a parte dos custos que lhes é atribuída adequadamente. Ao mesmo tempo, a aviação civil não deve suportar custos que não lhe sejam devidamente imputados.
Alocação de custos de serviços de navegação aérea entre usuários aeronáuticos	A alocação dos custos dos serviços de navegação aérea entre os usuários aeronáuticos deve ser realizada equitativamente. As proporções de custo atribuíveis à aviação civil internacional e a outros (incluindo a aviação civil doméstica, a aeronave estadual, outra aeronave isenta e os usuários não aeronáuticos) devem ser determinadas de maneira a garantir que nenhum usuário seja sobrecarregado com custos não apropriadamente alocáveis, de acordo com uma contabilidade de princípios sólidos. Recomenda-se, também, que os Estados garantam que os dados básicos de utilização dos serviços de navegação aérea sejam mantidos quando tal informação for relevante para a imputação e para a recuperação dos custos. Esses dados podem incluir o número de voos por categoria de usuário, seja nacional, seja internacional; distâncias voadas; e informações sobre tipos e pesos das aeronaves.

(Quadro 3.1 – conclusão)

Sistemas de cobrança de serviços de navegação aérea	Os Estados devem assegurar que os sistemas utilizados para cobrança de serviços de navegação aérea sejam estabelecidos de acordo com os seguintes princípios: › qualquer sistema de cobrança deve, na medida do possível, ser simples, equitativo e, no que diz respeito às rotas aéreas, ter taxas de serviços de navegação adequadas para aplicação geral – pelo menos, em uma base regional; o custo administrativo de cobrança de taxas não deve exceder uma proporção razoável das taxas coletadas; › as taxas não devem ser impostas de modo a desencorajar o uso das instalações e dos serviços necessários para a segurança e para a introdução de novos meios auxiliares e técnicos.

Fonte: Elaborado com base em Icao, 2012b.

Technical Instructions for the Safe Transport of Dangerous Goods by Air (Doc 9284)

Esse documento apresenta as instruções técnicas para o transporte seguro de mercadorias perigosas por via aérea.

Machine Readable Travel Documents (Doc 9303)

Trata-se das especificações técnicas da Oaci para a instalação de máquinas que realizam a conferência de documentos dos passageiros e que emitem etiquetas de bagagens e de mercadorias.

Airport Economics Manual (Doc 9562)

Esse manual orienta a contabilidade financeira das operações aeroportuárias e indica como os gestores devem apresentar o "detalhamento das contas financeiras, extensão dos detalhes exigidos e da dimensão do aeroporto em questão. Isto é, é essencial desde o início garantir que todos os procedimentos contábeis sejam aplicados de acordo com regras, normas ou convenções contábeis" (Icao, 2013, p. 50, tradução nossa).

Em suma, essa norma determina que os aeroportos tenham bons controles internos e uma boa auditoria externa, para que toda a sociedade conheça seus dados econômicos de maneira clara.

Global Air Navigation Plan (Doc 9750)

Corresponde ao documento estratégico de navegação aérea mais importante da Oaci. Contém um plano para impulsionar a evolução do sistema global de navegação aérea alinhado ao conceito operacional de gestão de tráfego aéreo global.

3.2 Administração de aeroportos

Nesta seção, abordaremos as principais estruturas de propriedade e de controle de aeroportos de todo o mundo, assim como seus processos de governança e as formas mais utilizadas para mensurar seu desempenho.

Basicamente, podem ser empregados pelos países dois tipos principais de administração das estruturas de aeroportos:

> o primeiro está sujeito à propriedade e controle públicos ou governamental. Embora ainda seja a forma predominante de organização, muitos países estabeleceram entidades autónomas, o que separa a prestação de serviços aeroportuários do poder executivo do Estado e permite que os aeroportos operem de acordo com princípios comerciais.

No segundo tipo, há a participação de interesses privados, no todo ou em parte, um modelo cada vez mais comum. Levando em consideração a diversidade de circunstâncias envolvidas. (Icao, 2013, p. 33, tradução nossa)

A escolha que o governo de cada país sobre como organiza as operações de aeroportos em seus territórios deve considerar os seguintes aspectos:

> os quadros jurídicos, institucionais e de governança do governo, o sistema de administração adotado em seu país e o efeito de cada opção disponível;
> os custos e a fonte de recursos necessários para atender às necessidades de infraestrutura e para garantir a continuidade das operações, considerando as previsões de tráfego e os riscos da operação; como exemplo, há a questão do planejamento de contingência para responder às implicações potenciais da redução de receita que pode resultar da diminuição do tráfego aéreo;
> as condições de mercado, incluindo diversos graus de competição entre os aeroportos sob seu controle;
> assuntos relacionados à indústria aeronáutica de seu país, sobretudo os que enfatizam como fomentar tal indústria; e
> a contribuição da aviação civil para os objetivos econômicos e sociais do país, bem como em que medida pode ser utilizada para desenvolver, economicamente, a região em que a estrutura aeroportuária está inserida.

Figura 3.1 – *Estrutura aeroportuária*

Caso o governo de um país adote o primeiro tipo de administração de aeroportos – ou seja, opte por estabelecer uma estrutura com alta participação de recursos públicos –, mas, em seguida, decida realizar a transição para o segundo tipo – totalmente privado –, poderá enfrentar alguns desafios ao longo do processo, como:

› realizar um procedimento confiável para a identificação e para a avaliação dos ativos que serão transferidos do Poder Público à iniciativa privada;
› determinar os tipos e as características dos termos de estrutura financeira, da estrutura operacional, da contratação de pessoal e de todos os aspectos que envolvem a utilização de recurso humano na operação privada;
› determinar as estruturas das relações de trabalho entre os trabalhadores e a empresa privada responsável por administrar o aeroporto;

- estabelecer uma boa estrutura de governança corporativa;
- normatizar as relações que governo, entidade privada administradora do aeroporto e órgãos militares (responsáveis por parte das operações de trânsito aéreo) terão a partir da transição do modelo de gestão;
- regulamentar as relações oficiais entre aeroportos e organizações dedicadas à segurança e à proteção da aviação;
- normatizar aspectos econômicos e financeiros da estrutura que os aeroportos administrados pela iniciativa privada apresentarão;
- determinar os sistemas de gestão de desempenho mais adequados para a gestão de aeroportos administrados pela iniciativa privada.

Quando o governo opta por administrar os aeroportos do país, pode criar uma empresa pública que torne isso viável, a qual é chamada de *entidade aeroportuária autônoma*, que é

> essencialmente uma entidade independente criada para operar e administrar um ou mais aeroportos, com poderes para gerir e aplicar as receitas obtidas para custear as suas despesas. A criação de pessoas jurídicas fora do governo costuma ser chamada de "transformação de negócios públicos em empresas comerciais". Em algumas circunstâncias, uma única entidade autônoma opera aeroportos e serviços de navegação aérea. Às vezes, essas entidades autônomas podem explorar, além das instalações aeroportos, aqueles dedicados a outros meios de transporte, como portos, pontes e túneis. Embora não seja comum, esse modelo foi considerado útil, por exemplo, quando as cidades que operam aeroportos desejam centralizar

a operação e a gestão dessas instalações de transporte e outras instalações críticas, incluindo-as em sua área de responsabilidade. (Icao, 2013, p. 35, tradução nossa)

A Empresa Brasileira de Infraestrutura Aeroportuária (Infraero) é o exemplo nacional de entidade independente – porém de administração estatal – constituída para administrar os aeroportos brasileiros. Detalhes sobre a Infraero serão abordados na próxima seção.

Uma entidade autônoma geralmente apresenta as seguintes características:

a. o governo é o proprietário da organização; e é responsável por definir seus objetivos e por monitorar o seu desempenho;

b. um conselho de administração nomeado pelo governo é responsável por supervisionar as atividades de toda a entidade;

c. [...] é autofinanciada, cobra por seus serviços, usa essa receita para financiar custos operacionais e investimentos em bens de capital, aplicar normas e práticas contábeis comerciais, e pode ser necessária para obter um retorno financeiro;

d. [...] pode estar sujeita aos impostos corporativos e pessoais habituais. (Icao, 2013, p. 36, tradução nossa)

Para que uma entidade autônoma apresente bons resultados em relação aos serviços prestados, recomenda-se que atue o mais próximo que for capaz das entidades privadas. Todavia, isso somente é possível quando o grau de autonomia concedido pelo Poder Público permite.

A entidade autônoma pode, ainda, estar sujeita a algumas orientações ou pressões do governo para levar em consideração questões públicas mais gerais, bem como processo de aprovação para maiores investimentos de capital e, por outro lado, pode ter autorização para comercializar parte de suas atividades. (Icao, 2013, p. 38, tradução nossa)

Aqui, é importante considerar que a comercialização está relacionada à modalidade de instalações e de serviços que aplicam critérios comerciais, privilegiando, assim, uma gestão mais próxima daquela das entidades privadas.

No Quadro 3.2, estão presentes as principais vantagens da utilização de entidades autônomas na administração de aeroportos públicos.

Quadro 3.2 – **Vantagens da utilização de entidades autônomas**

Reinvestimento das receitas	Garante que a receita gerada pela utilização dos recursos aeroportuários seja reinvestida, de maneira transparente, na melhoria das operações e instalações.
Contribuição direta dos usuários	Garante que os usuários do aeroporto contribuam, diretamente, para a manutenção e para a melhoria das instalações que utilizam (princípio de que o usuário paga).
Redução da responsabilidade governamental	Reduz a carga financeira do governo.
Desenvolvimento de mentalidade empreendedora	Encoraja o desenvolvimento de uma mentalidade empreendedora (por exemplo, controle mais rígido sobre receitas e despesas, decisões mais rápidas, medidas mais flexíveis, e boa governança), aumentando, assim, a eficiência e a qualidade dos serviços.
Aumento do acesso ao mercado de capitais	Permite o acesso aos mercados de capitais privados, o que só é possível se o modelo orgânico não se restringir ao financiamento do setor público.
Separação de funções	Separa, claramente, as funções regulatórias e operacionais.

Fonte: Elaborado com base em Icao, 2013.

Em suma, o processo de criação de entidades autônomas para a administração de aeroportos públicos torna essas operações mais eficientes e superavitárias. De acordo com a Oaci, "Independentemente do tamanho do aeroporto, os Estados devem sempre analisar as vantagens e os riscos relacionados à adoção de novas estruturas de gestão e exploração" (Icao, 2013, p. 38, tradução nossa). Por isso, a criação de novas estruturas deve contar com estudos de impacto que norteiem o processo de tomada de decisão governamental.

O interesse público e o atendimento das necessidades da sociedade devem, sempre, ser colocados em primeiro lugar quando o governo tomar alguma decisão acerca da gestão de aeroportos.

Exercício resolvido

Assinale a alternativa que apresenta uma vantagem da utilização de entidades autônomas em relação às receitas geradas na operação do aeroporto e aos respectivos investimentos:

a) Reinvestimento das receitas.
b) Contribuição direta dos usuários.
c) Redução da responsabilidade governamental.
d) Desenvolvimento de mentalidade empreendedora.

Gabarito: A

Feedback do exercício: Entre as vantagens da implementação de entidades autônomas na administração de aeroportos públicos, está a garantia de que a receita gerada pela utilização dos recursos aeroportuários será reinvestida, de maneira transparente, nas operações e instalações.

3.3 A Infraero no Brasil e sua atuação

A Infraero foi fundada em 1973 para ser o braço do Governo Federal Brasileiro na administração dos principais aeroportos do país. Ainda no ano de sua fundação, a instituição passou a operar o Aeroporto Juscelino Kubitschek, em Brasília, e Aeroporto de Ponta Pelada, em de Manaus, capital do Amazonas.

No ano de 1974, a Infraero passou a administrar 13 outros aeroportos:

1. Aeroporto da Pampulha, em Minas Gerais;
2. Aeroporto Carlos Prates, em Minas Gerais;
3. Aeroporto de Belém, no Pará;
4. Aeroporto de Boa Vista, em Roraima;
5. Aeroporto de Recife, em Pernambuco;
6. Aeroporto de Salvador, na Bahia;
7. Aeroporto de Fortaleza, no Ceará;
8. Aeroporto de Goiânia, em Goiás;
9. Aeroporto de Curitiba, no Paraná;
10. Aeroporto de Foz do Iguaçu, no Paraná;
11. Aeroporto de Florianópolis, em Santa Catarina;
12. Aeroporto de Porto Alegre, no Rio Grande do Sul;
13. Aeroporto de Joinville, em Santa Catarina.

Com o passar dos anos, novos aeroportos passaram a ser administrados pela Infraero, que criou e controlou, também, as operações de terminais de cargas (Tecas), voltadas ao transporte de mercadorias nacional e internacional. Com isso, a entidade tornou-se responsável por todas as operações relacionadas aos transportes de passageiros e de cargas nos principais aeroportos brasileiros.

O que é

Tecas são terminais de transporte de cargas que existem nos aeroportos que se constituem em instrumentos importantes para empresas que transportam mercadorias pelo modal aéreo. Quando um Teca envolve o transporte internacional, são necessárias estruturas complementares para que possa prestar todos os serviços corretamente, como a Receita Federal do Brasil (RFB) e a Agência Nacional de Vigilância Sanitária (Anvisa).

A Infraero ainda adicionou a seu rol de aeroportos administrados, no decorrer dos anos, os maiores do país, como o Aeroporto de Viracopos, localizado na cidade de Campinas, em 1980, e o Aeroporto de Congonhas, situado na capital do Estado de São Paulo, em 1981.

O ano de ano de 1984 ficou marcado pela inauguração de dois grandes aeroportos brasileiros. Em janeiro, foi inaugurado o Aeroporto de Guarulhos, na região metropolitana de São Paulo, e, em março, o Aeroporto de Confins, na região metropolitana de Belo Horizonte.

Em 1987, a Infraero assumiu a administração do aeroporto Santos Dumont, no Rio de Janeiro. Nos anos seguintes, diversos aeroportos passaram ao controle da Infraero e várias inovações foram apresentadas no processo de gestão e administração das estruturas portuárias.

Segundo o Portal Brasileiro de Dados Abertos, a Infraero é uma

> Empresa pública nacional com mais de 40 anos de experiência, comprometida com as pessoas, com a segurança, o conforto e o bom atendimento. Está entre as três maiores operadoras aeroportuárias do mundo e, desde 1973, contribui para simplificar e enriquecer a experiência dos clientes, viajantes ou parceiros de negócios, que utilizam os 60 aeroportos espalhados pelo Brasil. São mais de 130 milhões de passageiros transportados ao ano, representando cerca de 60% do movimento aéreo no país, o que coloca a empresa em posição de destaque no cenário da aviação nacional. (Empresa..., 2021)

Um fator importante a respeito da criação e da administração da Infraero é que, desde a sua fundação, a empresa esteve vinculada ao Ministério da Defesa, um ministério claramente militar. Somente no ano de 2011, durante o governo da Presidenta Dilma Rousseff, a Infraero e a Anac passaram a integrar a Secretaria da Aviação Civil da Presidência da República, com *status* de ministério e diretamente vinculada à estrutura da Presidência da República do Brasil.

No decorrer da segunda década dos anos 2000, a Infraero, por decisão do Governo Federal, iniciou um processo de transferência de importantes aeroportos para a iniciativa privada, que debateremos nos próximos capítulos deste livro.

De janeiro a dezembro de 2019, os aeroportos administrados parcial ou totalmente pela Infraero realizaram mais de 85,7 milhões de embarques e desembarques no país (Quadro 3.3).

Quadro 3.3 – *Passageiros que embarcaram e desembarcaram nos aeroportos administrados pela Infraero*

Discriminação	Embarques + desembarques no ano 2019
Infraero	85.740.792
Transporte regular	83.438.286
Pax doméstico	82.546.050
Nacional	81.401.375
Regional	1.144.675
Pax internacional	883.372
Pax de cabotagem	8.864
Transporte não regular	2.302.506
Pax doméstico	2.290.640
Pax internacional	11.866

Fonte: Elaborado com base em Infraero, 2021a.

Com relação às cargas movimentadas em aeroportos administrados pela Infraero, é possível observar, no Quadro 3.4, que, de janeiro a dezembro de 2019, o volume transportado foi superior a 365 milhões de quilogramas.

Quadro 3.4 – *Volume de cargas e descargas nos aeroportos administrados pela Infraero*

Discriminação	Cargas + descargas no ano 2019 em Kg
Infraero	365.296.040
Transporte regular	353.585.549
Carga doméstica	308.364.350
Nacional	305.715.463
Regional	2.648.887
Carga internacional	45.221.199
Transporte não regular	11.710.491
Carga doméstica	8.844.037
Carga internacional	2.866.454

Fonte: Elaborado com base em Infraero, 2021a.

Para que fosse possível transportar o volume de cargas e o número de passageiros apresentados nos Quadros 3.3 e 3.4, a Infraero realizou, em seus aeroportos, mais de 1,2 milhão de pousos e decolagens (Quadro 3.5).

Quadro 3.5 – *Número de pousos e decolagens nos aeroportos administrados pela Infraero*

Discriminação	Pousos + decolagens no ano 2019
Infraero	1.235.775
Transporte regular	703.025
Voo doméstico	693.330
Nacional	678.276
Regional	15.054
Voo internacional	9.695
Transporte não regular	532.750
Voo doméstico	526.498
Voo internacional	6.252

Fonte: Elaborado com base em Infraero, 2021a.

Os números apresentados nos Quadros 3.3, 3.4 e 3.5 demonstram que as operações administradas pela Infraero são extremamente volumosas e representativas no universo da aviação civil brasileira. Assim, é natural que a empresa tenha fundamental importância para o setor no país. Dos gestores que atuam na Infraero, espera-se que realizem seus trabalhos da melhor forma possível, garantindo eficiência e eficácia no dia a dia das operações aeroportuárias.

Perguntas & respostas

Você sabe o que é governança corporativa e como ela é aplicada nas organizações?

> Em geral, os profissionais que trabalham com gestão se deparam com o termo *governança corporativa*. Em linhas gerais, podemos defini-lo como o conjunto de normas, atividades e processos realizados nas organizações com o intuito de tornar suas ações mais transparentes em relação à gestão.

Sobre sua gestão corporativa, a Infraero informa que tem adotado as melhores práticas disponíveis no mercado e, principalmente, em seu setor:

> A Infraero adota as melhores práticas em governança corporativa, as quais asseguram a sustentabilidade, a legalidade e a moralidade na condução dos negócios da empresa. Dentre elas estão as Políticas de Governança, o Programa de Integridade e os Códigos de Ética e o de Conduta e Integridade, que dispõem sobre comportamentos e práticas esperados em todos os níveis da empresa, de forma a evitar a ocorrência de irregularidades na gestão. (Infraero, 2021a)

Na Figura 3.2, podemos observar a estrutura de governança corporativa de que a Infraero dispõe para auxiliar os processos de tomada de decisão e de gestão.

Figura 3.2 – **Estrutura de governança corporativa da Infraero**

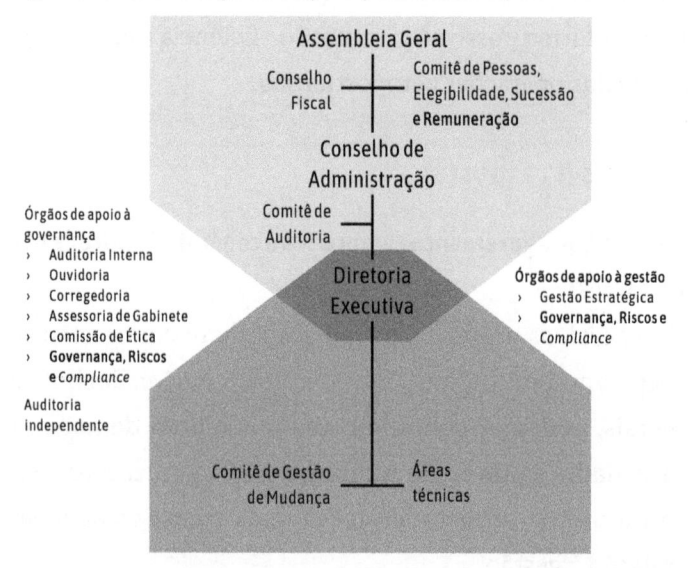

```
                        Assembleia Geral
                 Conselho      Comitê de Pessoas,
                  Fiscal       Elegibilidade, Sucessão
                               e Remuneração
                        Conselho de
                        Administração
Órgãos de apoio à        Comitê de
governança                Auditoria
  › Auditoria Interna
  › Ouvidoria                   Diretoria         Órgãos de apoio à gestão
  › Corregedoria                Executiva           › Gestão Estratégica
  › Assessoria de Gabinete                          › Governança, Riscos e
  › Comissão de Ética                                  Compliance
  › Governança, Riscos
    e Compliance

Auditoria
independente
                    Comitê de Gestão     Áreas
                      de Mudança         técnicas
```

Fonte: Infraero, 2021a.

De todos as estruturas apresentadas na Figura 3.2, três são fundamentais para que a organização atinja bons índices de governança corporativa (Infraero, 2021a):

1. **Conselho Fiscal**: é um órgão independente de fiscalização responsável, na estrutura da Infraero, por inspecionar as ações de seus gestores e executivos. O Conselho Fiscal tem uma atuação colegiada e individual e dedica-se, por princípio, à defesa da empresa e de seus acionistas.
2. **Comitê de Elegibilidade**: é "instituído para auxiliar os acionistas na verificação de conformidade do processo de indicação e avaliação dos Administradores e Conselheiros Fiscais" (Infraero, 2021a).
3. **Comitê de Auditoria**: oferece suporte ao Conselho de Administração da Infraero. Exerce "funções de auditoria e de fiscalização sobre a qualidade das demonstrações contábeis e à efetividade dos sistemas de controle interno e de auditorias, interna e independente" (Infraero, 2021a).

Como a Infraero é a empresa autônoma que administra os aeroportos para o Governo Federal brasileiro, qualquer tipo de ação que realize deverá tornar seus procedimentos mais transparentes e auxiliar na eficiência e na eficácia de sua gestão.

Exercício resolvido

Uma das formas encontradas para tornar a gestão da Infraero mais eficiente é a adoção da governança corporativa. Assim, com relação aos órgãos necessários para a governança corporativa, assinale a alternativa que apresenta aquele

que auxilia os acionistas na verificação de conformidade do processo de indicação e de avaliação dos profissionais que realizarão a administração:
a) Setor de governança das empresas.
b) Conselho Fiscal.
c) Comitê de Elegibilidade.
d) Conselho de Administração.

Gabarito: C

Feedback do exercício: O Comitê de Elegibilidade é o "órgão instituído para auxiliar os acionistas na verificação de conformidade do processo de indicação e avaliação dos Administradores e Conselheiros Fiscais" (Infraero, 2021a).

3.4 Principais organizações que atuam em uma operação aeroportuária

São muitas as variáveis que devem ser consideradas quando é necessário tomar uma decisão a respeito de um serviço ou de uma atividade que ocorre dentro ou nas imediações dos aeroportos.

Inúmeras organizações atuam direta e indiretamente no dia a dia de um aeroporto, como as organizações de segurança, que intentam garantir a legalidade do transporte de mercadorias e passageiros; as organizações privadas, que comercializam produtos e serviços para os passageiros que aguardam o embarque ou o desembarque; e, ainda, as companhias aéreas, que atuam, basicamente, em três vertentes: (1) comercialização de passagens e recepção dos passageiros no momento do *check-in*; (2) operações em solo que auxiliam e organizam o embarque dos passageiros; e (3) operações nas aeronaves, em que, de fato, ocorre o transporte de passageiros e mercadorias.

Ainda fazem parte de um ambiente aeroportuário as empresas que prestam serviços para as demais organizações do transporte de passageiros e de mercadorias; as que cuidam da segurança do transporte, como é o caso da torre de controle, que pode empregar profissionais civis e militares; organizações como o corpo de bombeiros e a polícia, que prestam suporte para qualquer eventualidade; e a administradora de toda a infraestrutura aeroportuária, que, geralmente, tem um relacionamento com todos os outros órgãos mencionados, sendo a principal responsável por auxiliar na estruturação de um ambiente propício para que o transporte de pessoas e mercadorias ocorra corretamente.

Os serviços prestados pelas companhias aéreas podem estar ligados ao atendimento em solo de seus clientes, à logística de cargas, ao gerenciamento de tráfego aéreo, ao planejamento de pousos e de decolagens e, ainda, à área de planejamento de escalas, tripulação e recursos. A seguir, apresentaremos esses setores e os principais profissionais que atuam nessas funções.

Atendimento em solo

É realizado no ambiente interno dos aeroportos. Nesse momento, os passageiros e os demais clientes das companhias aéreas têm acesso aos serviços que a empresa oferece.

Os profissionais do atendimento em solo são responsáveis por realizar a comercialização das passagens, atender os passageiros no momento do *check-in*, **organizar o fluxo de entrada e de saída de passageiros nas aeronaves**, auxiliar no processo de despacho e de retirada das bagagens dos passageiros e todos os demais serviços essenciais para os clientes que desejam realizar uma viagem.

Esses profissionais lidam diretamente com o público, tal que, geralmente, têm conhecimentos específicos para essa atribuição, embora sejam provenientes de aéreas diversas e diferentes níveis de formação. Em linhas gerais, as empresas optam por treiná-los em cursos internos.

Logística de cargas

Os profissionais que atuam na logística de cargas dentro das empresas aéreas são responsáveis pelo transporte e pelo manuseio das cargas de e para as aeronaves. Estabelecem os tipos de cargas que podem ser transportadas conforme a aeronave, determinam os pesos e o volume de cada carga e auxiliam em todos os processos e atividades que possibilitem uma viagem tranquila.

Cada companhia aérea determina qual é o cargo responsável por auxiliar no processo de transporte das cargas. Entretanto, a maioria estipula que o agente de *load control* faça todos os processos relacionados ao controle de peso e ao transporte das aeronaves.

Planejamento de pousos e decolagens

Considerando que tudo aquilo que acontece em um aeroporto deve ser milimetricamente pensado e sincronizado, a equipe de planejamento de pousos e decolagens deve, sempre, estar atenta a qualquer mudança e a qualquer tipo de adversidade.

O profissional especialista em planejamento de tráfego aéreo é o mais habilitado para atuar, em nome das companhias aéreas, contribuindo com esse tipo de serviço. É responsável por auxiliar na montagem de escalas de pousos e decolagens e, também, no planejamento estratégico das companhias aéreas que desejam expandir ou reduzir suas atividades.

Em geral, é um profissional graduado em Engenharia de Transportes e é comum que realize uma série de treinamentos específicos sobre o setor antes de iniciar, efetivamente, a prestação de serviços para as companhias aéreas.

Planejamento de escalas, tripulação e recursos

Envolve os profissionais que realizam todo o processo de planejamento das condições operacionais das companhias aéreas nos aeroportos do Brasil e do mundo. Geralmente, esses profissionais gerenciam e definem quais recursos, humanos ou não, são empregados em cada tipo de operação da companhia aérea.

Entre os serviços realizados por esses profissionais, é possível apontar a realização de escalas dos tripulantes das aeronaves, definindo como cada equipe trabalha e quais são os destinos pelos quais passam. Outro ponto importante é o fato de que esses profissionais são responsáveis por determinar escalas de descanso e de parada necessárias de acordo com as normas vigentes.

Sua formação, geralmente, é focada nas áreas de gestão e de engenharia. Há, ainda, algumas empresas aéreas que promovem colaboradores da tripulação de suas aeronaves para auxiliarem nas funções de planejamento, visto que conhecem a realidade e o dia a dia das atividades.

Planejamento do tráfego aéreo

Os profissionais que fazem o tráfego aéreo das companhias são responsáveis por planejar a utilização das aeronaves na prestação de seus serviços. É importante considerar, ainda, que o planejamento do tráfego aéreo nas companhias não pode ser confundido com aquele realizado pelos controladores de voo, que fazem o controle do fluxo de todas as companhias e das demais aeronaves. Nas companhias, o planejamento aéreo é necessário para definir a melhor aeronave para cada rota. Para isso, o profissional deve levar em consideração informações sobre a demanda dos serviços e sobre os custos envolvidos na operacionalização de cada aeronave.

Gestão de operações

Os profissionais responsáveis pela gestão das operações nas companhias aéreas realizam todos os processos administrativos. Geralmente, ficam lotados nas sedes das companhias e cuidam do planejamento de suas operações. Suas formações são diversas, contemplando as áreas de gestão, transporte, logística e ciências da informação.

O que é

Tráfego aéreo é o trânsito das aeronaves pelas aerovias, que são monitoradas por pilotos, copilotos e controladores de voo.

As companhias aéreas ainda têm profissionais que atuam dentro das aeronaves: são os chamados *tripulantes*. Esses profissionais são fundamentais para que os serviços sejam prestados corretamente. Em 2017, foi publicada, no Brasil, a Lei n. 13.475, de 28 de agosto (Brasil, 2017), que ficou conhecida como *Lei dos Aeronautas*. Essa lei dispõe a propósito do exercício da profissão dos tripulantes de aeronaves em todo o país.

Os arts. 14, 15 e 16 da referida lei estabeleceram a existência de três tamanhos de tripulação para os voos no país:

> Art. 14. Tripulação mínima é a determinada na forma da certificação de tipo da aeronave, homologada pela autoridade de aviação civil brasileira, sendo permitida sua utilização em voos locais de instrução, de experiência, de vistoria e de traslado.
>
> Art. 15. Tripulação simples é a constituída de uma tripulação mínima acrescida, quando for o caso, dos tripulantes necessários à realização do voo.
>
> Art. 16. Tripulação composta é a constituída de uma tripulação simples acrescida de um comandante, de um mecânico de voo, quando o equipamento assim o exigir, e de, no mínimo, 25% (vinte e cinco por cento) do número de comissários de voo. (Brasil, 2017)

A composição da tripulação deve ser definida pelo fabricante da aeronave em conjunto com as condições de voo determinadas pela companhia aérea. Em uma tripulação de aeronave, é possível observar as seguintes funções:

› **Comandante**: "piloto responsável pela operação e pela segurança da aeronave, exercendo a autoridade que a legislação lhe atribui" (Brasil, 2017).
› **Copiloto**: "piloto que auxilia o comandante na operação da aeronave" (Brasil, 2017) e em todas as suas funções.
› **Mecânico de voo**: além de auxiliar o comandante, é responsável pela "operação e do controle de sistemas diversos, conforme especificação dos manuais técnicos da aeronave" (Brasil, 2017).
› **Comissários**: são responsáveis pela gestão dos serviços durante o voo. Geralmente, a equipe de comissários é constituída por um comissário-chefe, o profissional de maior experiência, e os comissários de bordo.

Figura 3.3 – Piloto e copiloto

Hananeko_Studio/Shutterstock

Para a atuação durante um voo no Brasil, faz-se necessário ter uma formação robusta, de acordo com as principais normas nacionais e internacionais. A formação de um piloto, por exemplo, passa pela obtenção de diversas certificações durante a carreira, até estar apto para operar uma grande aeronave em uma rota comercial de uma companhia aérea. Entre essas certificações, estão a certificação de Piloto Privado (PP), a de Piloto Comercial (PC) e a de Piloto de Linha Aérea (PLA).

Pergunta & resposta

Em uma situação de anormalidade em voo, quem é a autoridade máxima dentro de um avião?

O comandante é considerado a autoridade máxima dentro de um avião. Por isso, os demais tripulantes devem responder às ordens desse profissional em uma situação de anormalidade.

Segundo a Associação Brasileira das Empresas Aéreas (Abear), para tornar-se um piloto comercial, é necessário

› Passar em uma prova teórica na ANAC [...].
› Iniciar as horas de voo em um aeroclube ou escola de pilotagem.
› Depois de 35 horas de voo, o candidato poderá fazer nova prova da ANAC e, caso seja aprovado, tirar a Carteira de Habilitação Técnica (CHT) específica. (Abear, 2019)

De posse da carteira de habilitação técnica, o segundo passo é tirar a carteira de Piloto Comercial (PC). Para tal, o candidato deve:

> Realizar no mínimo mais 115 horas de voo, das quais 60 têm de ser "navegações" [...].
> Fazer outra prova na ANAC para obter a CHT como PC.
> Depois de formado, para conseguir lugar em uma grande companhia é necessário:
> Inglês, com proficiência nível 4.
> Categoria de CHT como piloto "Multimotor", para o qual o novo piloto deve fazer um curso específico [...].
> Experiência de voo. (Abear, 2019)

O investimento necessário para tornar-se um profissional apto à operação em um voo comercial é alto, por isso as companhias aéreas, em muitos casos, custeiam parte da capacitação de suas equipes. Isso acontece, principalmente, quando atuam com modelos de aeronaves que necessitam de habilitações específicas em decorrência de recomendação dos fabricantes.

Além das atividades desempenhadas pelas companhias aéreas, resta aos gestores aeroportuários lidar com as atividades realizadas pelas demais organizações que atuam nas operações de aeroportos no Brasil e no mundo.

Alguns órgãos públicos são essenciais para a operação de um aeroporto, pois, em muitos casos, somente estes têm a autonomia necessária para resolver problemas ocorridos antes, durante e após os voos. As instituições públicas presentes em um aeroporto podem variar de acordo com o volume e com o tipo das operações. Por exemplo, um aeroporto regional com baixo volume de voo tem uma necessidade menor de órgãos públicos aptos a atuar do que um aeroporto que opera com voos internacionais e que atende a um grande volume de passageiros.

A seguir, destacamos as funções dos três principais órgãos públicos de aeroportos do Brasil.

Receita Federal do Brasil (RFB)

Cuida de todos os trâmites necessários ao trânsito de bagagens e mercadorias nos aeroportos. A atuação da RFB envolve fiscalizar a entrada de mercadorias e cobrar os impostos e as taxas devidos pelos passageiros. Portanto, essa entidade tem duas funções, fiscalizar e arrecadar, que, combinadas, garantem que não haja a entrada de mercadorias e serviços no país sem o respectivo recolhimento de impostos e taxas.

Polícia Federal (PF)

A PF tem várias atribuições em um aeroporto, principalmente nos aeroportos com circulação de passageiros internacionais. Por determinação da Constituição Federal, é obrigação da Polícia Federal atuar na fiscalização do tráfego internacional, a fim de "impedir o contrabando e descaminho, a entrada e saída de drogas, armas, bens patrimoniais, tráfico humano, falsificação de documentos e situações que coloquem em risco a população brasileira e as viagens" (ADPF, 2014).

É importante ressaltar que é função da Polícia Federal a interceptação de procurados dentro e fora do país. Por isso, a fiscalização nos aeroportos é essencial.

Além disso, "A Polícia Federal possui como responsabilidade supervisionar o acesso de pessoas às áreas restritas de segurança nos aeroportos, conforme previsto Programa Nacional de Segurança da Aviação Civil Contra Atos de Interferência Ilícita" (Sindicomis, 2019) e

> controlar e autorizar o embarque de passageiro armado e o despacho de arma de fogo e munições em aeronaves civis. Com o advento da Resolução nº 461/2018, de 25/01/18, da Agência Nacional de Aviação Civil (ANAC), em vigor desde 28 de julho de 2018, esse controle passou a ser efetuado exclusivamente de forma informatizada por parte da Polícia Federal devendo assim todos os passageiros que desejarem despachar arma de fogo e munições em aeronaves civis preencher previamente as respectivas guias a seguir disponibilizadas. (Brasil, 2021)

Ministério da Agricultura, Pecuária e Abastecimento (Mapa)

O Mapa é responsável pela fiscalização e pelo controle do trânsito internacional de produtos e insumos agropecuários nos aeroportos, portos, postos de fronteira e aduanas especiais. Basicamente, os profissionais desse ministério atuam com o intuito de "coibir o ingresso de pragas e enfermidades que possam representar ameaça à sanidade dos vegetais e rebanhos nacionais; a garantir o ingresso de produtos de origem animal e vegetal e insumos agropecuários em conformidade com os padrões estabelecidos" (Anuência..., 2021). Compete, ainda, a esse órgão emitir a certificação fitozoossanitária e sanitária dos produtos exportados.

Para saber mais

BRASIL. Ministério da Agricultura, Pecuária e Abastecimento. Instrução Normativa n. 36, de 10 de novembro de 2006. **Diário Oficial da União**, Poder Executivo, Brasília, 14 nov. 2006. Disponível em: <https://www.gov.br/agricultura/pt-br/assuntos/vigilancia-agropecuaria/ivegetal/bebidas-arquivos/in-no-36-de-10-de-novembro-de-2006.doc/view>. Acesso em: 20 nov. 2021.

A Instrução Normativa n. 36, de 10 de novembro de 2006, do Mapa delimita quais procedimentos podem ser realizados pelos profissionais ligados ao ministério nos portos e aeroportos nacionais.

Os gestores de aeroportos devem estar sempre atentos às necessidades dos órgãos públicos em termos de infraestrutura, pois a falta desses órgãos e as falhas no desenvolvimento de suas funções podem interromper a operação aeroportuária. Com o intuito de realizar todo o processo de fiscalização fitossanitária de embalagens e suportes, os profissionais do Mapa precisam ter livre acesso aos portos e aeroportos. Em suma, esses profissionais cumprem a Instrução Normativa n. 32, de 23 de setembro de 2015 (Brasil, 2015), do Mapa, segundo a qual, eles são responsáveis por:

> I – coletar exemplares de pragas em qualquer estágio no material fiscalizado;
>
> II – executar fiscalização, inspeção, supervisão e vistorias para apuração de infrações e lavrar os respectivos termos;
>
> III – verificar o cumprimento das condições necessárias à realização dos tratamentos fitossanitários com fins quarentenários e à aplicação da marca IPPC;

IV – verificar o cumprimento das condições de armazenagem e segregação das embalagens, suportes de madeira ou das peças de madeira, em bruto, a serem utilizadas em posterior confecção de embalagens ou suportes de madeira que foram submetidos a tratamento;

V – verificar os documentos e registros relativos à realização dos tratamentos e ao controle da rastreabilidade do material tratado e comercializado; e

VI – determinar a aplicação de qualquer medida fitossanitária decorrente de não-conformidade ou irregularidade, necessária para mitigar o risco fitossanitário. (Brasil, 2015)

Os profissionais do Mapa são fundamentais para que mercadorias, em especial as importadas, possam ingressar no Brasil.

Exercício resolvido

A existência de órgãos públicos em uma operação aeroportuária é de extrema necessidade para que as operações ocorram com segurança e de acordo com as normas e com as legislações existentes. Nesse sentido, assinale a alternativa que apresenta a instituição responsável por conceder o credenciamento aeroportuário aos interessados:
a) Receita Federal.
b) Polícia Federal.
c) Governo Federal.
d) Ministério Público Federal.

> **Gabarito**: B
> **Feedback do exercício**: A Polícia Federal emite o credenciamento aeroportuário para as pessoas que desejam acessar os aeroportos no Brasil.

No intuito de exemplificar uma operação de aeroporto, discutiremos o funcionamento do Aeroporto Internacional de Guarulhos, o maior do Brasil.

Somente em 2019, o número de passageiros domésticos no Aeroporto de Guarulhos foi, aproximadamente, 28.238.490 e o de passageiros internacionais chegou a 14.763.629. Em termos de voos – ou seja, de movimento de aeronaves –, ocorreram, em 2019, 216.102 pousos e decolagens domésticas e 75.885 internacionais (GRU, 2021, p. 1).

Considerando esses números, devemos ponderar que o volume de empresas e de profissionais necessários para todos os pousos e decolagens é muito grande. Entre as principais companhias aéreas do aeroporto, estão: Aerolíneas Argentinas, Aeroméxico, Air Canada, Air China, Air Europa, Airfrance, Alitalia, American Airlines, Avianca, Boliviana de Aviacion, British Airways, Copa Airlines, Delta Air Lines, Emirates, Ethiopian, Gol, Latam, Iberia, KLM, Lufthansa, Passaredo, Qatar, Royal Air Maroc, South African, Swiss, Taag, Tap, Azul, Turkish, United, Sky Airlines e Flybondi.

Hotéis

O Aeroporto de Guarulhos conta com duas operações hoteleiras, a Tryp by Whindhan São Paulo – Guarulhos Airport e a Fast Sleep, administrada pelos hotéis Slaviero.

Salas VIPs

Por ser um aeroporto com um grande volume de passageiros e de voos internacionais, o Aeroporto de Guarulhos oferece alguns serviços diferenciados aos passageiros, como as salas VIPs (*very important people*). Na operação do aeroporto, existem as seguintes salas VIPs: American Express Lounge, Villa GRU, Star Alliance Lounge, Latam Vip Lounge, American Airlines Admirals Club, Sala VIP Mastercard Black, Gol Premium Lounge Doméstico, Gol Premium Lounge Internacional, Bradesco Vip Lounge e Urban Cowork Airport.

Alimentação

Oferecer opções de alimentação para os passageiros e para os colaboradores de todas as empresas de um aeroporto também é necessário. No Aeroporto de Guarulhos, graças a seu tamanho e ao movimento de pessoas, muitas organizações do ramo de alimentação têm mais de uma operação. A lista de empresas desse setor inclui muitas, listamos algumas das principais: 365 Deli, com cinco operações; Amor aos Pedaços, com uma operação; Bacio di Latte, com quatro operações; Baked Potato, com três operações; Ballon Café, com uma operação; Biscoitê, com duas operações; Bleriot, com duas operações; Bob's, com duas operações; Burger Boss, com uma operação; Burger King, com uma operação; Café Kopenhagen, com três operações; Casa Bauducco, com três operações; Casa de Bolos, com uma operação; Casa do Pão de Queijo, com treze operações; Cortés, com uma operação; Cuor di Crema, com uma operação; Doog, com três operações; Fini, com uma operação; Gendai, com uma operação; Heineken, com quatro operações; Hot Dog Club, com uma operação; KFC, com uma operação; Kopenhagen, com uma operação; Le Pipoquê, com uma operação; Mania de Churrasco, com uma operação; Margarita Ville, com uma operação; Mc Café, com uma operação; Mc Donald's, com três operações; Mc Donald's Sorvetes, com uma operação; Mi Casa Burritos, com uma operação; Moncloa, com uma operação; Monta Grilll Express, com uma operação; Mr. Baker, com duas operações; Nescafé, com uma operação; Nutty Bavarian, com duas operações; O! Botequim, com uma operação; Olive Garden, com duas operações; On The Rocks, com duas operações; Paris 6, com uma operação; Pizza Crek, com duas operações; Pizza Hut, com cinco operações; Pizza Makers, com uma operação; Rascal, com uma operação; Rei do Mate, com três operações; Spoleto, com uma operação; Spot's Drinks, com uma operação; Starbucks, com oito operações; Subway, com cinco de operações; Taco Bell, com uma operação; TGI Fridays, com quatro operações; To Go Cofee & Deli, com duas operações; Tostex, com uma operação; Viena, com uma operação; Viena Café, com uma operação; Viena Restaurante, com uma operação; Viena Snacks, com duas operações; Villa Roxa, com uma operação; e Vivenda do Camarão, com uma operação.

    As operações de alimentação existentes no Aeroporto de Guarulhos são maiores do que as presentes em diversos dos principais *shopping centers* do Brasil.

Lojas

Além de oferecer opções de alimentação e de focar, cada vez mais, serviços próximos aos de um *shopping center*, o Aeroporto de Guarulhos tem, em seus terminais, lojas dos mais variados tipos e tamanhos. A existência de lojas de roupas, de calçados e de artigos para presentes é uma realidade que se espalha por aeroportos dos mais diferentes tamanhos. Seguindo uma máxima de ir até onde o cliente está, os lojistas buscam os aeroportos como opção de acesso a futuros clientes e, ainda, como forma de fazer sua marca presente no dia a dia dos passageiros.

Outros serviços

As operações do Aeroporto de Guarulhos contam, ainda, com as empresas que prestam serviços aos passageiros. Por se tratar de um aeroporto internacional, os serviços de câmbio destacam-se. Entretanto, há outros tipos de serviços, como bancos, seguradoras, agências de viagens, correios, casas lotéricas e outros.

Como podemos observar, a estrutura do Aeroporto de Guarulhos é complexa, envolve diversas empresas, com inúmeros profissionais e variadas atividades. Devemos avaliar, também, que muitos aeroportos funcionam 24 horas por dia, durante os sete dias da semana, suas operações são contínuas, nunca param, o que gera inúmeras situações e muitos desafios para seus profissionais.

Síntese

No decorrer deste capítulo, discutimos:

> as normas internacionais que influenciam a gestão de aeroportos no Brasil e no mundo;
> os principais órgãos públicos envolvidos em uma operação aeroportuária;
> as principais atividades realizadas pelas empresas de transporte aéreo;
> os principais colaboradores que compõem uma tripulação em um voo;
> as diferentes empresas que podem atuar em uma operação aeroportuária.

4

Tecnologias, máquinas e equipamentos utilizados na gestão de portos e aeroportos

Conteúdos do capítulo

› Principais máquinas e equipamentos utilizados em portos e em aeroportos.
› Novas tecnologias empregadas nos principais portos e aeroportos.

Após o estudo deste capítulo, você será capaz de:

1. elencar as principais máquinas e os principais equipamentos presentes nas gestões portuária e aeroportuária no Brasil;
2. conhecer os principais fornecedores de máquinas e equipamentos para portos e aeroportos;
3. compreender o acesso de empresas portuárias e aeroportuárias às novas e modernas tecnologias desses setores;
4. discutir os principais *cases* de inovação em gestões portuária e aeroportuária no Brasil e no mundo.

OS GESTORES DE EMPRESAS PORTUÁRIAS E AEROPORTUÁRIAS devem dedicar-se à implantação da mais alta tecnologia em suas operações. Isso garante que as empresas alcancem patamares maiores de eficiência e eficácia e lhes proporciona a oferta de serviços de maior qualidade com o menor custo possível.

É função dos gestores atuar no planejamento, na gestão, na direção e no controle das operações realizadas por todos os tipos de empresas. Quando lidamos com organizações de alta complexidade, como portos e aeroportos, essa realidade se torna um grande desafio.

A tecnologia tornou-se uma importante aliada dos gestores na busca por soluções mais inovadoras em seus negócios, em suas empresas, em suas universidades e em seus centros de pesquisa. Ela garante, cada vez mais, avanços na resolução de problemas que impactam os negócios de portos e de aeroportos negativamente. Nesse sentido, os gestores devem estar abertos às novidades do setor, a fim de implementá-las em seus negócios e encontrar boas formas de atender aos anseios de seus clientes e parceiros comerciais.

A gestão dos recursos das organizações deve ser realizada de modo consciente, pois estes são escassos. O uso da tecnologia contribui para uma gestão de recursos eficiente, permitindo que o planejamento estratégico seja alcançado; as metas e os objetivos, cumpridos; e as necessidades impostas pela gestão de negócios, atendidas.

Neste capítulo, abordaremos as principais máquinas e os principais equipamentos empregados nas atividades portuárias e aeroportuárias. Sabe-se que os investimentos nesses recursos envolvem muito planejamento, muitos estudos e, principalmente, uma grande quantidade de recursos financeiros, portanto, consiste em uma das principais funções dos gestores.

4.1 Máquinas e equipamentos nos portos

Com relação aos portos, faz-se importante considerar que os principais equipamentos e máquinas utilizados demandam investimentos milionários, pois são de alta complexidade e de grande resistência. Por isso, cabe aos gestores a análise das melhores opções existentes no mercado, para que possam definir as opções que melhor atendem às necessidades de sua empresa diante dos recursos disponíveis.

O que é

Um **guindaste** é um equipamento utilizado para a elevação e para a movimentação de cargas e materiais pesados. É amplamente utilizado na indústria pesada, na construção civil e em todas as atividades em que seja necessário o uso de máquinas para criar uma vantagem mecânica para a movimentação de cargas que estão além da capacidade humana.

Na atividade portuária, é importante considerar que, entre as máquinas e os equipamentos disponíveis, existem algumas classificações com o intuito de facilitar a compreensão dos gestores e dos usuários. Detalharemos cada uma delas nas subseções a seguir.

4.1.1 Guindastes offshore

A primeira classificação refere-se ao uso dos guindastes para elevação das cargas dos contêineres e das demais mercadorias até os navios e para sua retirada dessas embarcações. Os guindastes *offshore* compreendem os modelos com basculamento de lança por cabos, são de alta tecnologia e oferecem uma ampla variedade de tamanhos, podendo ser, inclusive, adaptados às necessidades e aos requisitos da estrutura portuária em que for implementado. Vejamos alguns modelos a seguir.

Board Offshore Cranes (BOS)

É um tipo de guindaste com rolamento e com um giro convencional movimentado por um mecanismo de rotação de cabos. Pode ser alimentado eletro-hidraulicamente ou diesel-hidraulicamente. A aplicação do guindaste tipo BOS pode servir à movimentação de cargas pesadas, à exploração e ao transporte de petróleo e de gás e, ainda, à exploração de águas profundas.

No Quadro 4.1, esquematizamos as principais características dos modelos de guindaste do tipo BOS mais utilizados nas operações portuárias do Brasil e do mundo.

Quadro 4.1 – Modelos de guindastes portuários do tipo Board Offshore Cranes (BOS)

Tipo de guindaste BOS	Características	Especificações
BOS 2600	Capacidade máxima de elevação	100 t
	Raio máximo	60 m
	Raio de oscilação	360°
	Momento de inclinação	2.600 tm
BOS 4200	Capacidade máxima de elevação	125 t
	Raio máximo	72 m
	Raio de oscilação	360°
	Momento de inclinação	4.200 tm
BOS 6000	Capacidade máxima de elevação	150 t
	Raio máximo	72 m
	Raio de oscilação	360°
	Momento de inclinação	6.000 tm

(continua)

(Quadro 4.1 – conclusão)

Tipo de guindaste BOS	Características	Especificações
BOS 7500	Capacidade máxima de elevação	300 t
	Raio máximo	84 m
	Raio de oscilação	360°
	Momento de inclinação	7.500 tm
BOS 14000	Capacidade máxima de elevação	600 t
	Raio máximo	102 m
	Raio de oscilação	360°
	Momento de inclinação	14.000 tm
BOS 35000	Capacidade máxima de elevação	1.250 t
	Raio máximo	102 m
	Raio de oscilação	360°
	Momento de inclinação	35.000 tm
BOS 45000	Capacidade máxima de elevação	1.400 t
	Raio máximo	102 m
	Raio de oscilação	360°
	Momento de inclinação	45.000 tm

Fonte: Board..., 2021.

Guindaste para elevação

É amplamente utilizado nas operações de petróleo e de gás e, também, pode ser empregado na atividade portuária de diferentes formas. Sua principal vantagem para a atividade portuária é seu diâmetro de pedestal de apenas 17 m, de modo que utiliza pouco espaço no convés dos navios e nos locais em que for instalado. Além disso, mesmo com seu tamanho reduzido, pode elevar até 5.000 t de mercadorias a mais de 30 m de altura.

Entre as especificações técnicas dos modelos de guindaste para elevação mais modernos, temos que seu momento de inclinação pode ser de até 295.000 tm. Sua lança principal pode apresentar, ainda, um comprimento de até 160 m de alcance.

Figura 4.1 – *Guindaste utilizado nas atividades portuárias do Brasil e do mundo*

MOLPIX/Shutterstock

Guindaste com mecanismo de basculamento da lança

É muito utilizado em pequenas e médias estruturas portuárias, pois tem grande alcance e boa capacidade de elevação, apesar de ser menor do que os demais modelos.

Atualmente, esse modelo de guindaste é amplamente utilizado em plataformas pequenas não tripuladas e dentro de embarcações de armazenamento flutuante.

A alimentação desse tipo de guindaste ocorre tanto eletro-hidraulicamente quanto diesel-hidraulicamente.

No Quadro 4.2, destacamos as principais características dos modelos de guindastes com mecanismo mais utilizados nas operações portuárias do Brasil e do mundo.

Quadro 4.2 – **Modelos de guindastes portuários com mecanismo de basculamento da lança**

Tipo de guindaste com mecanismo de basculamento da lança	Características	Especificações
RL 650	Capacidade máxima de elevação	25 t
	Raio máximo	36 m
	Raio de oscilação	360°
	Momento de inclinação	650 tm
RL 850	Capacidade máxima de elevação	30 t
	Raio máximo	36 m
	Raio de oscilação	360°
	Momento de inclinação	850 tm
RL 1500	Capacidade máxima de elevação	40 t
	Raio máximo	42 m
	Raio de oscilação	360°
	Momento de inclinação	1.500 tm
RL 2650	Capacidade máxima de elevação	60 t
	Raio máximo	54 m
	Raio de oscilação	360°
	Momento de inclinação	2.650 tm
RL 4200	Capacidade máxima de elevação	100 t
	Raio máximo	54 m
	Raio de oscilação	360°
	Momento de inclinação	4.200 tm

Fonte: Guindaste com..., 2021.

Guindaste ao redor da torre

É projetado para instalação ao redor da torre (*crane around the leg*) de embarcações que transportam carga e necessitam de grande raio de rotação em suas operações. Atualmente, é muito utilizado para trabalhos de construção, de manutenção e de elevação de cargas de grande volume em diferentes operações tanto portuárias quanto de outros setores.

Pode ser implementado nas operações portuárias por meio de dois modelos. Um modelo tem momento de inclinação de 45.000 tm, capacidade de elevação principal máxima de 1.200 t e comprimento da lança principal máxima de até 100 m. O outro modelo, por sua vez, tem momento de inclinação de 64.000 tm, capacidade de elevação principal máxima de 1.700 t e comprimento da lança principal máxima de até 108 m.

> **Para saber mais**
>
> LIEBHERR. **Heavy Lift Offshore Cranes up to 2,000 t Lifting Capacity.**
> Disponível em: <https://www.youtube.com/watch?v=5XGfylcO7B8>.
> Acesso em: 20 nov. 2021.
> Esse vídeo demonstra como um guindaste ao redor da torre pode ser utilizado em diferentes operações dentro e fora de uma organização portuária.

É importante considerar, ainda, que a operacionalização desse tipo de equipamento exige profissionais capacitados. Por isso, os gestores devem contar, sempre, com uma equipe preparada para tais prestações de serviços.

Guindaste *offshore* montado sobre mastro

É o mais adequado para operações que necessitam de soluções para rolamentos de giro não metálicos. Também é muito utilizado pelas organizações portuárias que realizam o transporte de materiais explosivos e/ou de materiais com certificações específicas.

No Quadro 4.3, é possível observar as principais características dos modelos mais utilizados de guindastes do tipo *offshore* montado.

Quadro 4.3 – **Modelos de guindastes portuários do tipo offshore montado sobre mastro**

Tipo de guindaste offshore montado sobre mastro	Características	Especificações
MTC 1900	Capacidade máxima de elevação	75 t
	Raio máximo	60 m
	Raio de oscilação	360°
	Momento de inclinação	1.900 tm
MTC 2600	Capacidade máxima de elevação	100 t
	Raio máximo	60 m
	Raio de oscilação	360°
	Momento de inclinação	2.600 tm
MTC 3100	Capacidade máxima de elevação	100 t
	Raio máximo	72 m
	Raio de oscilação	360°
	Momento de inclinação	3.100 tm
MTC 6000	Capacidade máxima de elevação	150 t
	Raio máximo	72 m
	Raio de oscilação	360°
	Momento de inclinação	6.000 tm

Fonte: Guindaste offshore..., 2021.

4.1.2 Guindastes navais

A classe dos guindastes navais também figura nas atividades portuárias. Esses modelos são muito utilizados na elevação da lança através de cilindros, como de guindastes com *grab* de quatro cabos, guindastes de pórtico e, ainda, guindastes especiais. Os principais modelos de guindastes navais serão descritos a seguir.

Guindastes navais com elevação da lança através de cabos

São amplamente utilizados para elevação de lança, sendo aplicados a variados tipos de cargas em operações portuárias. Geralmente, auxiliam na movimentação simultânea de até

1.250 kg de uma única vez, facilitando, assim, o processo de transporte e tornando-o mais ágil.

Na Figura 4.2, é possível observar um modelo desse tipo de guindaste movimentando um contêiner dentro de um navio.

Figura 4.2 – Guindaste naval utilizado nas atividades portuárias

HesselVisser/Pixabay

Guindastes navais com elevação da lança através de cilindros (CBW)

São caracterizados pela versatilidade, podendo ser utilizados em variadas operações. Por apresentarem maior funcionalidade, garantem maior usabilidade às estruturas portuárias de todo o mundo.

A baixa altura de construção desse modelo de guindaste proporciona uma excelente visibilidade, o que aumenta, também, a segurança no convés. Segundo o *site* do grupo Liebherr, "o baixo peso e o baixo centro de gravidade garantem maior estabilidade do navio e maior capacidade do guindaste. Devido ao curto raio mínimo, é possível colocar as mercadorias nas imediações do guindaste" (Guindastes navais com elevação..., 2021). Com isso, é possível posicionar a lança sobre a carga, o que garante mais espaço para os produtos.

> **Para saber mais**
>
> LIEBHERR. **Liebherr – CBB 3800-250 Heavylift Crane**. Disponível em: <https://www.youtube.com/watch?v=XZN4bmOMvzc>. Acesso em: 20 nov. 2021.
>
> Assista a esse vídeo para compreender como um guindaste naval é projetado, operacionalizado e implementado dentro de um navio.

Guindastes navais com projeto especial

São desenvolvidos para atender a algumas especificidades técnicas da organização – como suportar grandes alturas e baixas temperaturas – e especificidades de tamanho e de peso das operações.

Geralmente, existem em duas formas: guindastes pórticos e guindastes de dragas. Os primeiros apresentam soluções convencionais para embarcações de transporte com condições muito específicas de operação, como no caso do transporte de cargas perigosas ou de cargas com alto valor agregado.

Por sua vez, os guindastes de dragas são mais utilizados nas embarcações que realizam a dragagem das regiões próximas aos portos, a fim de facilitar o trânsito de navios.

Os guindastes navais com projeto especial ainda são caracterizados por apresentar:

> As lanças arqueadas facilitam ter uma área de trabalho maior no convés
> Montado em um pórtico móvel, a faixa de trabalho é estendida para cobrir todo o comprimento do convés
> Comprimentos de cabo muito curtos minimizam o balanço e o desgaste (Guindastes navais com projeto..., 2021)

A Figura 4.3 exibe a operação de um guindaste naval de draga em uma região portuária.

Figura 4.3 – *Guindaste naval de draga*

paulbr75/Pixabay

Os guindastes são peças fundamentais do rol de máquinas e equipamentos presentes nas estruturas portuárias. Em alguns portos, por exemplo, existem mais de dez tipos de guindastes disponíveis. Com relação à quantidade, o número de máquinas disponíveis pode chegar à casa das centenas, conforme o volume de operações.

Portanto, os gestores devem perceber as necessidades de sua organização quanto ao número de guindastes para suprir a demanda das operações. Caso a organização portuária apresente um número de guindastes inferior à carência, isso pode tornar-se um gargalo e prejudicar todo o fluxo das operações.

4.1.3 Equipamentos de manipulação de cargas

Além dos guindastes, diversos outros equipamentos fazem parte das operações de portos em todo o mundo.

Uma das máquinas amplamente utilizadas nas operações portuárias é a empilhadeira, mais conhecida nesse meio como *reach stacker*. Elas são empregadas na manipulação das cargas, dos contêineres e das mercadorias em distâncias que não são alcançáveis pelos guindastes.

Reach stackers

São grandes equipamentos para retirar e colocar contêineres dentro de caminhões, bem como os empilhar em lugares mais apropriados dentro da estrutura portuária (Figura 4.4). Em geral, as *reach stackers* têm uma capacidade máxima de elevação de até 50 t e podem ser adaptadas a contêineres de 20, 30 e 40 pés.

De acordo com o *site* da Sany do Brasil, a "lança longa aumenta a eficiência em trabalho. As qualidades tornam a máquina uma escolha excepcional para empilhar, elevar e realocar contêineres em porto" (Benefícios..., 2021). As *reach stackers* também podem ser utilizadas em ferrovias e em áreas abertas de armazenamento.

Para saber mais

BENEFÍCIOS e recursos. **Sany do Brasil.** Reach stacker – SRSC45C2. Disponível em: <https://sanydobrasil.com/portfolio-item/srsc45c2/>. Acesso em: 20 nov. 2021.

Essa página disponibiliza um vídeo demonstrativo do funcionamento de uma *reach stacker*. Trata-se de um equipamento com uso específico para o transporte e o empilhamento de contêineres, o qual é fundamental na organização da atividade portuária.

Figura 4.4 – Reach stacker

noina/Shutterstock

Empty container

É uma máquina utilizada para o empilhamento de contêineres, operação necessária para contornar a falta de espaço que resulta do grande volume de contêineres manipulados em um porto.

Como esse equipamento é responsável pela movimentação de contêineres em grandes alturas, ele deve atender às normas de segurança vigentes na atividade portuária.

A Figura 4.5, a seguir, ilustra a operação de uma *empty container*.

Figura 4.5 – Operação de uma empty container

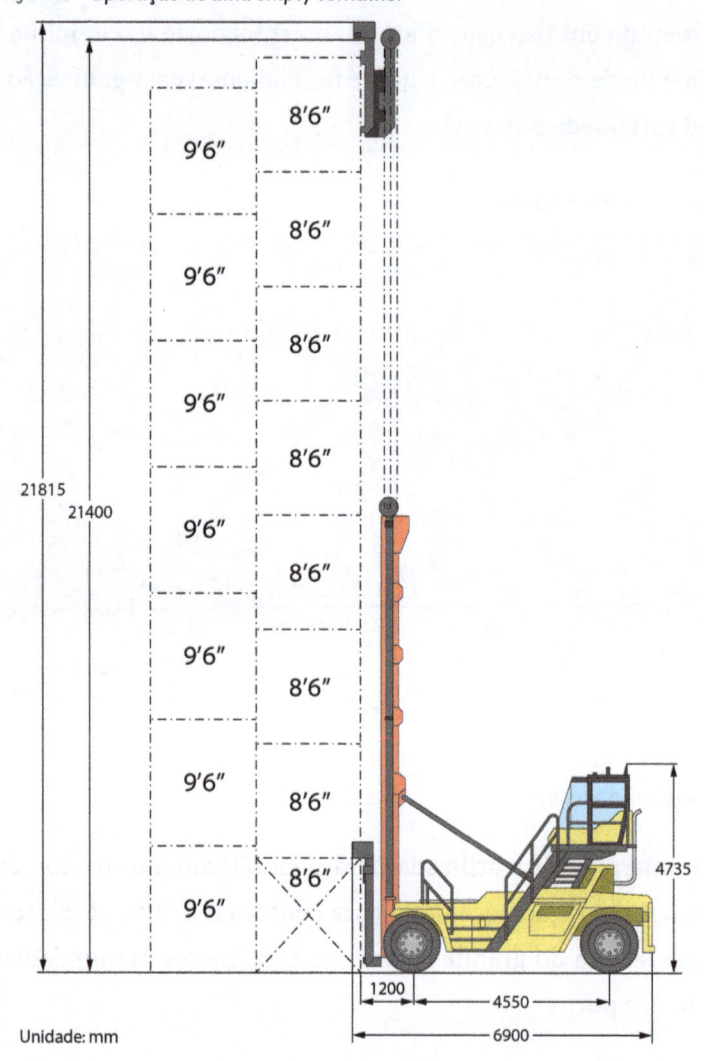

Unidade: mm

Eduardo Borges

Empilhadeiras

As empilhadeiras (Figura 4.6) têm uma função muito próxima da desempenhada pela *empty container*, diferenciando-se pela capacidade de carga, uma vez que as empilhadeiras podem elevar mais de um contêiner por vez e, por isso, são mais eficientes.

Em uma operação portuária, o uso combinado de empilhadeiras e *empty containers* é o mais recomendável, pois torna o processo de movimentação mais eficiente e mais ágil.

Figura 4.6 – *Operação portuária de uma empilhadeira*

Exercício resolvido

Em uma operação portuária, são necessários diversos equipamentos para uma movimentação eficiente de cargas. Diante disso, assinale a alternativa que apresenta a máquina utilizada para retirar e colocar contêineres dentro de caminhões:
a) Empilhadeiras.
b) Guindastes.

c) *Empty container.*
d) *Reach stackers.*

Gabarito: D

Feedback do exercício: As *reach stackers* são grandes equipamentos utilizados, basicamente, para retirar e colocar contêineres dentro dos caminhões e para empilhá-los na estrutura portuária.

Esteiras e *shiploaders*

As esteiras realizam o transporte de produtos a granel dos armazéns portuários até os navios. Geralmente, funcionam em conjunto com outro equipamento que existe nos portos de transporte a granel denominado *shiploader* (Figura 4.7). Em linhas gerais, os grãos fazem o seguinte percurso para serem exportados:

> **Colheita e armazenamento**: depois de colhidos nas propriedades rurais, os grãos ou são armazenados na própria propriedade, ou são enviados a silos, nos quais aguardam até serem transportados para seu destino. Quando a operação de transporte internacional ocorre nos portos, é necessário que os grãos sejam transportados até a região portuária, geralmente por caminhões, embora também se utilize o modal ferroviário. O caminhão ou trem que chega ao porto descarregam os grãos em grandes estruturas de armazenamento.

> **Armazenamento nos portos**: os grãos aguardam o momento de sua exportação dentro de silos. Somente após a negociação, é possível saber quando e para onde ocorrerá a exportação.

Como se trata de *commodities*, é natural que os produtos sejam rapidamente exportados pelas grandes multinacionais.

> **Transporte até o *shiploader*:** após a definição do destino dos grãos, são utilizadas as esteiras para transportá-los dos silos até o *shiploader*, responsável por pesar e por determinar a quantidade de grãos a ser enviada para cada navio, de acordo com a programação das operações portuárias (Esalq-Log, 2014).

Figura 4.7 – Shiploader

Mr. Amarin Jitnathum/Shutterstock

A implantação de um sistema de esteiras e de *shiploaders* nos principais portos brasileiros é uma demanda frequente do agronegócio, pois, somente assim, é possível escoar a produção nacional. Quando o Poder Público não consegue realizar todos os aportes necessários referentes a essas máquinas e a esses equipamentos, o setor privado atua, a fim de fazer com que a exportação dos produtos não seja prejudicada.

No Brasil, o transporte de grãos ganhou uma dimensão enorme em razão da posição de destaque do país no setor agrícola. Com isso, é natural que os portos brasileiros também tenham destaque na movimentação desse tipo de carga. Todavia, ainda é relevante considerar que o processo de exportação e de importação de mercadorias, em todo o mundo, é dominado pelos transportes que utilizam contêineres.

> **Exemplificando**
>
> A exportação de grãos é essencial para o Brasil, que, por exemplo, é líder na produção e na exportação de soja. Em 2019, foram produzidos em todo o mundo 337.298 milhões de toneladas de soja, com 122.647 milhões de hectares plantados. Somente o Brasil produziu mais de 124.845 milhões de toneladas, em mais de 36.950 milhões de hectares plantados.

Os gestores portuários devem, portanto, conhecer todas as especificidades do transporte de cargas por contêineres, equipamentos fundamentais para as operações portuárias, sendo os principais responsáveis por grande parte da lucratividade das organizações.

4.1.4 Contêineres

Ao realizar serviços diversos, os portos devem atentar-se às singularidades do transporte de contêineres, adaptando os serviços, os espaços e a estrutura de uma forma geral. Conhecer os tipos de contêineres mais utilizados no comércio exterior e as especificidades que a estrutura portuária deve ter para movimentá-los é tarefa indispensável dos gestores portuários.

O uso de contêineres para o transporte de mercadorias acontece em todos os países do mundo. Inclusive, essa prática se expande cada vez mais entre as nações, facilitando, assim, o comércio internacional.

Atualmente, é possível observar que o uso de contêineres tem-se popularizado, também, para funções que nada tem a ver com o transporte internacional de cargas. Já há, no Brasil, empresas especializadas que empregam esses equipamentos na construção civil ou como depósitos de resíduos.

O avanço da globalização fez com que as organizações buscassem novas estratégias para alcançar seus clientes. Com isso, a logística adquiriu um papel de destaque, buscando diminuir distâncias, reduzir custos e atender aos anseios dos fornecedores de entregar suas mercadorias em segurança.

Segundo Christopher (2009, p. 3):

> Logística é o processo de gerenciamento estratégico da compra, do transporte e da armazenagem de matérias-primas, partes e produtos acabados (além dos fluxos de informação relacionados) por parte da organização e de seus canais de marketing, de tal modo que as lucratividades atuais e futuras sejam maximizadas mediante a entrega de encomendas com o menor custo associado.

A logística pode ser compreendida como um processo que permite obter vantagens competitivas em relação aos concorrentes, destacando determinada empresa e estruturando um melhor relacionamento com seus clientes. A logística também aprimora o controle e a segurança das mercadorias transportadas da empresa até o cliente final.

Outro ponto importante a respeito da logística reside no fato de que esta não se limita apenas ao trânsito, pois compreende, também, o armazenamento das mercadorias enquanto aguardam o transporte.

Um questionamento que, costumeiramente, é realizado por todos que estudam logística é o seguinte: Como era feito o transporte das mercadorias antes dos contêineres? Para responder a essa pergunta, basta imaginar uma carga de 30.000 caixas que deveriam ser levadas aos navios uma a uma, empilhadas e "amarradas", para que se mantivessem intactas durante o percurso do navio. Todo esse processo implicava inúmeros recursos para que o carregamento ocorresse corretamente.

Exercício resolvido

Segundo Nobre, Robles e Santos (2005, p. 5):

> O custo de estocagem inclui o custo de manutenção do terminal e a capacidade instalada de estocagem. É inevitável a necessidade de se manter estoques de contêineres, inclusive devido aos picos e vales decorrentes dos ciclos de exportação e importação. A previsão de necessidades e a programação de movimentações têm como objetivos reduzir custos e evitar a falha, isto é, falta do tipo específico de contêiner necessário ao atendimento dos embarcadores.

Considerando que nem sempre todos os tipos de contêineres estão disponíveis para serem utilizados, como as empresas devem lidar com a escassez desse material crucial para seus processos logísticos?

a) Devem fazer um planejamento logístico, estabelecendo parceria com diversas empresas logísticas capazes de auxiliar em períodos de escassez.
b) Devem deixar contêineres negociados, mesmo sem perspectiva de utilização no curto e no médio prazos.
c) Devem abrir mão de negociar com o mercado internacional em tempos de escassez de contêineres.
d) Devem deixar a responsabilidade do transporte unicamente a cargo do cliente.

Gabarito: A

***Feedback* do exercício**: Uma empresa que deseja atuar de maneira séria e consistente no comércio exterior deve cercar-se, de todas as formas possíveis, de uma eficiente rede de parceiros logísticos. Portanto, recomenda-se a busca por diversos parceiros para enfrentar momentos de escassez.

A falta de uma estrutura que proporcionasse um transporte seguro e padronizado para diferentes mercadorias e produtos causou vários transtornos nos processos de transporte das mais diferentes organizações. Com os avanços proporcionados pela Revolução Industrial e com a consequente massificação da produção, esse problema se agravou ainda mais ao redor do mundo.

O estadunidense Malcom Purcell McLean, ao observar a grande dificuldade de transportar mercadorias soltas dentro dos navios – o que, inclusive, provocava a instabilidade dos navios no decorrer do percurso –, desenvolveu uma estrutura capaz de auxiliar no transporte e de garantir maior estabilidade durante todo o percurso. Assim, em 26 de abril de 1956, graças ao empenho de McLean, o navio Ideal X fez sua primeira viagem, carregando 58 contêineres em seu convés (Keedi, 2015).

Com o sucesso da primeira empreitada, empresas passaram a utilizar cada vez mais os contêineres desenvolvidos por McLean. A partir de então, houve uma verdadeira massificação desses equipamentos. Estima-se que, em 2014, "o mundo movimenta[va] cerca de 600 milhões de TEU [*twenty feet or equivalent unit*, baseada no contêiner 20'] por ano. E o Brasil, de norte a sul, de leste a oeste, na importação e exportação, incluindo contêineres vazios, no comércio exterior e na cabotagem, cerca de sete milhões" (Keedi, 2015).

A logística pelo modal aquaviário concentra, em média, 60% de tudo que é transportado no mundo (Kumar; Hoffman, 2006). Esse modal pode ser dividido, ainda, em transporte de granéis (líquidos e sólidos) e em transporte de carga comum (compreendendo, basicamente, o transporte de contêineres) (Stopford, 2004).

Figura 4.8 – **Contêineres, os responsáveis pela maioria das movimentações de cargas no mundo**

Maha Heang 245789/Shutterstock

A Agência Nacional de Transportes Aquaviários (Antaq) divulgou que, entre janeiro e dezembro de 2019, foram movimentados, no Brasil, os seguintes valores (Movimentação..., 2021):

> 1.104,05 milhões de toneladas de mercadorias de todos os tipos, entre importações e exportações;
> 252,22 milhões de toneladas de graneis líquidos, sendo 154,02 milhões (61,1%) referentes à movimentação de petróleo;
> 680,61 milhões de toneladas de granéis sólidos, sendo 367,76 milhões (54%) referentes à movimentação de minério de ferro.

Com relação à movimentação e à natureza da carga, a Antaq divulgou o seguinte gráfico:

Gráfico 4.1 – *Tipos de movimentação em função da natureza da carga (comparação entre 2018 e 2019)*

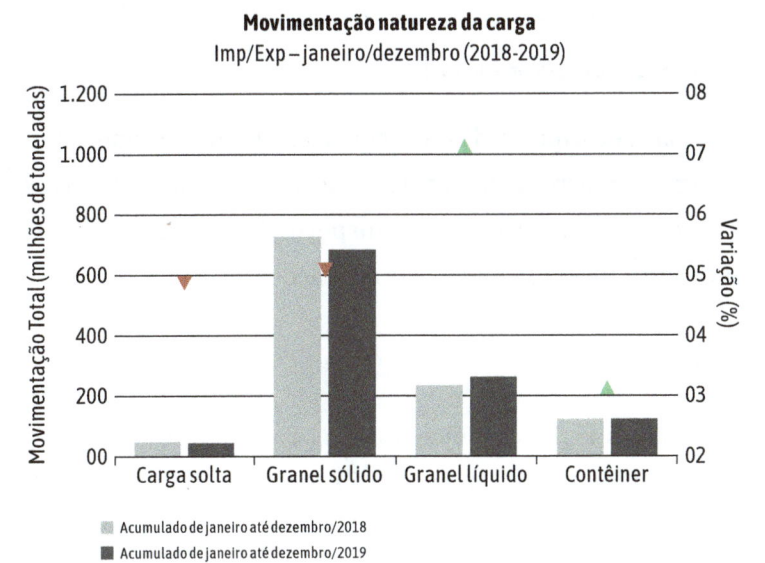

Movimentação natureza da carga
Imp/Exp – janeiro/dezembro (2018-2019)

■ Acumulado de janeiro até dezembro/2018
■ Acumulado de janeiro até dezembro/2019
▲▼● Variação em módulo (%)

Fonte: Antaq citada por Movimentação..., 2021.

Com base nesses dados, é possível constatar que, entre 2018 e 2019, houve um aumento na movimentação de cargas no formato granel líquido e com o uso de contêineres. Mais precisamente com relação à movimentação de contêineres, como podemos observar no Gráfico 4.2.

Gráfico 4.2 – **Movimentação de contêineres (comparação entre 2018 e 2019)**

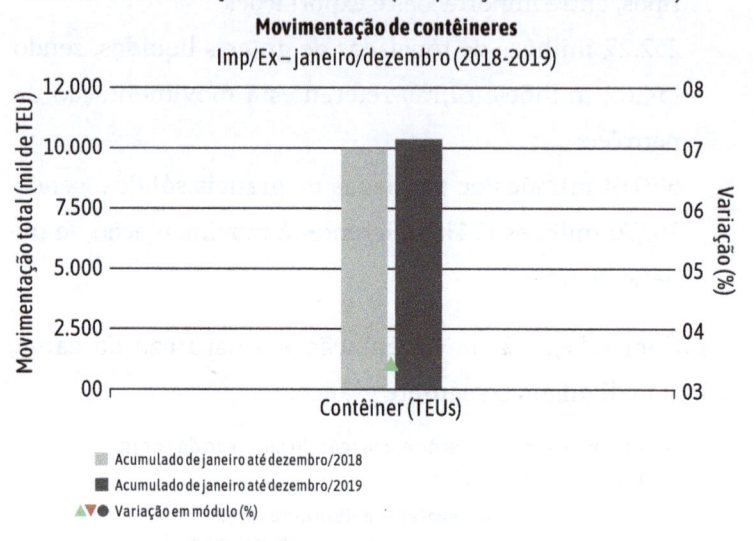

Movimentação de contêineres
Imp/Ex – janeiro/dezembro (2018-2019)

- Acumulado de janeiro até dezembro/2018
- Acumulado de janeiro até dezembro/2019
- Variação em módulo (%)

Fonte: Antaq citada por Movimentação..., 2021.

Em decorrência das inúmeras possibilidades apresentadas pelo transporte por contêineres, cada vez mais empresas os utilizam para efetivar o transporte de suas cargas, massificando e diversificando suas aplicações.

> **Curiosidade**
>
> Na cadeia logística brasileira, o modal rodoviário – muito difundido no país – é necessário para que as mercadorias cheguem aos portos e aeroportos. Esse tipo de transporte

é dispendioso, já que comporta pequenas quantidades de carga em comparação aos demais modais, e consideravelmente poluente, porque os veículos utilizam combustíveis fósseis.

Na sequência, destacaremos os modelos de contêineres mais comuns e mais utilizados, sobretudo pelas organizações brasileiras.

Contêiner dry de 20 pés

É o mais utilizado para todos os tipos de cargas secas. Em geral, transportam produtos industrializados e não perecíveis, como bolsas, madeira, utensílios, paletes, caixas e materiais de construção em geral.

No Quadro 4.4, oferecemos alguns detalhes técnicos desse modelo de contêiner. Destacamos que são dados padronizados e universais.

Quadro 4.4 – Especificações do contêiner dry 20'

Medidas externas (mm)	Comprimento	6.058 mm
	Largura	2.438 mm
	Altura	2.591 mm
Medidas internas (mm)	Comprimento	5.919 mm
	Largura	2.340 mm
	Altura	2.380 mm
Altura da Porta (mm)	Largura	2.286 mm
	Altura	2.278 mm
Cubagem (m³)	Armazenamento	33 m³
Peso (kg)	Máximo	24.000 kg
	Tara	2.800 kg
	Carga	21.920 kg

Contêiner *flat rack* 20' ou 40'

É muito utilizado para o transporte de cargas que ultrapassam as dimensões máximas dos demais tipos de contêineres disponíveis. Geralmente, servem para o transporte de máquinas agrícolas, pesadas e da construção civil e, ainda, de peças grandes empregadas na produção de aeronaves ou de grandes equipamentos.

No Quadro 4.5, elencamos alguns detalhes técnicos desse modelo de contêiner em sua versão de 20'. Destacamos, novamente, que esses dados são padronizados e universais.

Quadro 4.5 – *Especificações do contêiner flat rack 20'*

Medidas externas (mm)	Comprimento	6.058 mm
	Largura	2.438 mm
	Altura	2.591 mm
Medidas internas (mm)	Comprimento	5.702 mm
	Largura	2.438 mm
	Altura	2.327 mm
Altura da Porta (mm)	Largura	Não possui
	Altura	Não possui
Cubagem (m³)	Armazenamento	28,9 m³
Peso (kg)	Máximo	Adaptável ao produto transportado
	Tara	Adaptável ao produto transportado
	Carga	Adaptável ao produto transportado

Contêiner *open top* 20' ou 40'

Trata-se do mais indicado para cargas que precisam ser alojadas pela parte superior, pois não tem teto. É muito utilizado para o transporte de bobinas, pedras, granito, entre outros.

No Quadro 4.6, dispomos alguns detalhes técnicos, padronizados e universais, desse modelo de contêiner em sua versão de 20'.

Quadro 4.6 – *Especificações do contêiner open top 20'*

Medidas externas (mm)	Comprimento	6.058 mm
	Largura	2.438 mm
	Altura	2.591 mm
Medidas internas (mm)	Comprimento	5.895 mm
	Largura	2.340 mm
	Altura	2.286 mm
Altura da Porta (mm)	Largura	2.336 mm
	Altura	2.233 mm
Cubagem (m³)	Armazenamento	32,2 m³
Peso (kg)	Máximo	24.000 kg
	Tara	2.050 kg
	Carga	21.950 kg

Contêiner plataforma 20' ou 40'

Não tem laterais nem teto, de modo que é bastante utilizado para cargas com excesso de peso. Em alguns casos, a mercadoria transportada pode ter um formato específico que não permita sua alocação em um contêiner de tamanho normal, tal que o contêiner plataforma possibilita que a mercadoria seja, pelo menos, fixada em sua base, impedindo, assim, que se desloque durante o percurso do navio.

No Quadro 4.7, destacamos detalhes técnicos padronizados e universais desse modelo de contêiner em sua versão de 20'.

Quadro 4.7 – *Especificações do contêiner plataforma 20'*

Medidas externas (mm)	Comprimento	6.058 mm
	Largura	2.438 mm
	Altura	226 mm
Medidas internas (mm)	Comprimento	6.020 mm
	Largura	2.413 mm
	Altura	–
Altura da Porta (mm)	Largura	–
	Altura	–

(continua)

(Quadro 4.7 – conclusão)

Cubagem (m³)	Armazenamento	29 m³
Peso (kg)	Máximo	–
	Tara	–
	Carga	–

Contêiner graneleiro 20' ou 40'

Apresenta uma particularidade em relação aos demais: é revestido internamente para que seja possível transportar grãos sem ocasionar perdas para exportadores e importadores.

Embora os grãos sejam, geralmente, transportados dentro de navios, sem a necessidade de serem colocados dentro de contêineres, determinadas especificidades da carga podem demandar um equipamento do tipo graneleiro. Como exemplo, podemos citar o caso do transporte de sementes, as quais têm um alto valor agregado e não podem ser transportadas com outros grãos.

No Quadro 4.8, elencamos alguns padrões técnicos desse modelo de contêiner em sua versão de 20'.

Quadro 4.8 – Especificações do contêiner graneleiro 20'

Medidas externas (mm)	Comprimento	6.058 mm
	Largura	2.438 mm
	Altura	2.591 mm
Medidas internas (mm)	Comprimento	5.838 mm
	Largura	2.366 mm
	Altura	2.374 mm
Altura da Porta (mm)	Largura	2.144 mm
	Altura	500 mm
Cubagem (m³)	Armazenamento	32,7 m³
Peso (kg)	Máximo	30.480 kg
	Tara	2.450 kg
	Carga	28.030 kg

Contêiner refrigerado ou *flat rack* 20' e 40'

É amplamente utilizado para o transporte de mercadorias congeladas, por isso, exige, além dos cuidados que os demais tipos demandam, acesso à energia elétrica, para manter a temperatura programada. Geralmente, figura no transporte de proteína animal, como carnes bovinas e suínas e peixes, de frutas e de verduras.

No Quadro 4.9, exibimos os padrões técnicos desse modelo de contêiner em sua versão de 20'.

Quadro 4.9 – Especificações do contêiner refrigerado ou flat rack 20'

	Comprimento	6.058 mm
Medidas externas (mm)	Largura	2.438 mm
	Altura	2.591 mm
	Comprimento	5.498 mm
Medidas internas (mm)	Largura	2.270 mm
	Altura	2.267 mm
Altura da Porta (mm)	Largura	2.270 mm
	Altura	2.267 mm
Cubagem (m³)	Armazenamento	28,3 m³
	Máximo	25.400 kg
Peso (kg)	Tara	3.040 kg
	Carga	22.360 kg

Figura 4.9 – Os contêineres refrigerados, geralmente, são pintados de branco e sempre ocupam os lugares mais altos quando empilhados em navios e portos

Contêiner tanque 20'

É muito utilizado pelas organizações que produzem e necessitam de produtos químicos ou altamente corrosivos, por isso, tem o formato de um tanque de combustível.

O Quadro 4.10 traz as especificações técnicas universais desse modelo de contêiner.

Quadro 4.10 – *Especificações do contêiner do tipo tanque 20 pés*

Medidas Externas (mm)	Comprimento	5.717 mm
	Largura	2.267 mm
	Altura	2.117 mm
Medidas internas (mm)	Comprimento	6.058 mm
	Largura	2.438 mm
	Altura	2.438 mm
Altura da Porta (mm)	Largura	–
	Altura	–
Cubagem (m³)	Armazenamento	27,4 m³
Peso (kg)	Máximo	–
	Tara	–
	Carga	24.000 kg

Na atividade portuária, geralmente, utiliza-se a *twenty-foot equivalent unit* (TEU), ou seja, unidade equivalente a 20', como uma medida-padrão para calcular o volume de um contêiner. Um TEU representa a capacidade de carga de um contêiner marítimo normal com 20' de comprimento, 8' de largura e 8' de altura.

Exercício resolvido

Conhecer os tipos de contêineres disponíveis para os diferentes tipos de mercadorias é crucial para os profissionais que atuam no setor portuário. Nesse sentido, assinale a alternativa que apresenta o modelo de contêiner revestido internamente para transportar grãos:

a) Contêiner *open top* 20'.
b) Contêiner plataforma 20'.
c) Contêiner graneleiro 40'.
d) Contêiner tanque 20'.

Gabarito: C

***Feedback* do exercício**: O contêiner graneleiro de 20' ou 40' apresenta uma particularidade em relação aos demais: é revestido internamente para transportar grãos sem acarretar perdas.

Outra questão importante acerca dos transportes em portos é referente às embalagens necessárias para facilitar esses processos. Nesse sentido, vale salientar que algumas classes de mercadorias não necessitam de embalagens, por exemplo, veículos e *commodities*. O palete é um dos principais modelos de embalagem utilizados pelas empresas portuárias. De acordo com o glossário disponível no portal *Portogente*,

> Os primeiros paletes tiveram sua aplicação no transporte marítimo, na forma de estrado para agilização das operações de estiva.
>
> [...]
>
> A partir de 1964 nos EUA, se deu início um intensivo programa visando a criação de cargas unitárias intermodais que satisfizessem a maioria das áreas econômicas, nas suas múltiplas e diversas cadeiras de distribuição.
>
> No Brasil a história do palete é mais recente, trazido pelas indústrias automobilísticas americanas e pelos supermercados de origem na França, foi introduzido no final

da década de 60, início da década de 70, praticamente permaneceu em estagnação até por volta do início dos anos 80, quando foi estabelecida a norma da ABNT – NBR 8252 (Nov/1983). (Embalagem..., 2016)

As embalagens portuárias, como os paletes, aprimoram a segurança e a agilidade das operações. Elas podem ser classificadas em:

> **Embalagens primárias:** "esse tipo de embalagem fica em contato direto com o produto que elas carregam ou transporte" (Embalagens..., 2017).
> **Embalagens secundárias:** esse tipo de embalagem "carrega uma ou mais embalagens primárias. É o caso de caixas de papelão ou isopor que transportam mais de um produto. Em geral, são feitas de papelão rígido ou madeira, de modo a assegurar que a embalagem primária se mantenha intacta" (Embalagens..., 2017).
> **Embalagens terciárias:** embalam uma grande quantidade de embalagens secundárias, a fim de proteger, transportar e armazenar esses produtos.

4.2 Máquinas e equipamentos nos aeroportos

Os aeroportos também contêm máquinas e equipamentos fundamentais para seu funcionamento. Assim, os gestores dessas empresas devem estar a par modernas tecnologias, a fim de que as empresas do setor inovem em suas operações. Quanto maior for o investimento em tecnologia na atividade aeroportuária, menor será o tempo máximo dos serviços prestados e menores, também, serão os custos.

Entre os equipamentos presentes no ambiente interno dos aeroportos, podemos afirmar que os mais importantes são os de despacho de bagagens, o sistema de raios X e o escâner corporal.

Em razão das legislações e das normas internacionais para o transporte de produtos proibidos no modal aéreo, são necessários muitos investimentos no processo de verificação das bagagens dos passageiros. Desse modo, sistemas automatizados que auxiliam no monitoramento e no controle das bagagens são cada vez mais comuns nas organizações aeroportuárias. Basicamente, esses sistemas acompanham as bagagens desde sua entrada pelo *counter* (local em que o passageiro realiza o despacho) até sua retirada pelos profissionais do *ground handling* (GHA).

O processo de transporte das bagagens nos aeroportos ocorre, basicamente, de duas formas. Na primeira, os passageiros realizam o despacho das bagagens durante o *check-in* e só as retiram no aeroporto de destino. Na segunda, o passageiro carrega a bagagem consigo ao longo do voo, portanto, como não haverá despacho, ela deve passar por procedimentos de segurança regulamentados internacionalmente.

A verificação das bagagens carregadas pelos passageiros dentro dos aviões utiliza equipamentos de raios X, que permitem analisar seu conteúdo. Essa análise considera também alguns algoritmos matemáticos, o peso atômico e a densidade de cada elemento. O uso dessa tecnologia permite determinar se a mala contém algum tipo de elemento que possa colocar o voo em risco.

No momento do embarque, não apenas as bagagens que são verificadas, mas também os passageiros passam por um escâner, que certifica se não portam objetos ilícitos e perfurocortantes. Denominado *escâner corporal*, esse equipamento está presente na maioria dos aeroportos do mundo e

> utiliza tecnologia de ondas milimétricas para detectar objetos de ameaça, tais como armas, explosivos, metais, líquidos, narcóticos entre outros. Outro diferencial do aparelho é a reprodução por meio de um desenho de manequim que retrata, em tempo real, exatamente o corpo do passageiro que está sendo inspecionado. O sistema detecta ameaças e ao mesmo tempo preserva e respeita a intimidade da pessoa que está sendo inspecionada. (Equipamentos...., 2012)

Com relação ao ambiente externo das operações aeroportuárias, os grandes equipamentos que existem são, basicamente, para auxiliar a chegada dos passageiros às aeronaves e para carregar as bagagens despachadas. Nesse contexto, existem quatro tipos de máquinas e equipamentos:

1. equipamentos de rampa;
2. veículos de comissaria;
3. unidades de abastecimento;
4. equipamentos de carga.

Os equipamentos de rampa auxiliam na manobra das aeronaves que se deslocam em solo, a fim de que elas ocupem os espaços específicos que lhes foram delimitados pela gestão aeroportuária. Nessa categoria, estão presentes os veículos para o transporte de pessoas com mobilidade reduzida, os rebocadores *push-back*, os *conveyors*, a escada de passageiros, as unidades de abastecimento, entre outros.

Os rebocadores, que fazem o direcionamento das aeronaves quando estão em solo, são importantes para posicioná-las nos locais adequados para os processos de embarque e desembarque. Geralmente, são apropriados para "executar manobras de push-back em aeronaves do tipo narrow body até wide body como o B757, A350, B787 e outras aeronaves da categoria, cujo peso máximo de decolagem (M.T.O.) não ultrapasse 254.000 toneladas" (Rebocador..., 2021). Na Figura 4.10, é possível observar um rebocador utilizado nas manobras das aeronaves.

Figura 4.10 – *Rebocador utilizado nas manobras das aeronaves*

aapsky/Shutterstock

Os veículos que servem como escadas ou levam as escadas são necessários para o embarque e para o desembarque dos passageiros e, portanto, fundamentais para o funcionamento adequado das operações aeroportuárias. Geralmente, as escadas são montadas em um "chassi rebocável especialmente projetado para o equipamento" (Escada..., 2021). A segurança dos passageiros é garantida por sapatas estabilizadoras e degraus revestidos de alumínio antiderrapante (Escada..., 2021).

A Figura 4.11 apresenta um modelo de escada utilizada em aeroportos.

Figura 4.11 – **Escada utilizada em aeroportos**

ID1974/Shutterstock

O *loader* é outro equipamento muito utilizado nas operações aeroportuárias. Geralmente, funciona como uma enorme plataforma elevatória, levando mercadorias do solo às aeronaves. Isso facilita o carregamento de grandes quantidades no menor tempo possível, aprimorando a eficiência e a eficácia das operações.

Os equipamentos de comissaria são projetados para realizar o carregamento e o descarregamento de alimentos e bebidas das aeronaves, embora também sejam empregados para outras finalidades, como transportas bagagens, peças e outros equipamentos.

Os veículos utilizados para o abastecimento das aeronaves também compõem o rol de equipamentos usados nas operações aeroportuárias. Eles são projetados de forma a atender a todos os requisitos das companhias aéreas e a todas as especificações das "principais companhias de petróleo, são fabricados com tanques em aço inoxidável, alumínio ou aço carbono. Possuem controles eletrônicos de manuseio e alertas de segurança que auxiliam na solução de possíveis divergências na operação" (Unidades..., 2021).

A Figura 4.12 é o registro fotográfico da operação de abastecimento de uma aeronave com o uso de um desses veículos especializados.

Figura 4.12 – **Operação de abastecimento de uma aeronave em solo**

aapsky/Shutterstock

Por fim, há o equipamento destinado ao manuseio das cargas no transporte aéreo, composto por uma plataforma hidráulica (*rack*), em que são acondicionadas as mercadorias, e por *dollies*, pequenas plataformas com rodas que podem ser puxadas por força humana.

Síntese

No decorrer deste capítulo, discutimos:

> as especificidades das máquinas e dos equipamentos empregados nas operações portuárias do Brasil e do mundo;
> as principais preocupações que os gestores de organizações portuárias e aeroportuárias devem ter em relação aos recursos para tornar suas operações mais eficientes;
> as especificidades relacionadas às máquinas e aos equipamentos empregados nas operações aeroportuárias do Brasil e do mundo;
> as principais operações realizadas por portos e aeroportos;
> os recursos necessários para a operacionalização das organizações portuárias e aeroportuárias.

Estudo de caso

O Sr. Cleiton Henrique é o responsável pela área tributária das Organizações Michaleson, empresa que é uma das maiores exportadoras e importadoras do Brasil. Os volumes negociados diariamente pelas Organizações Michaleson ultrapassam a casa dos milhões de dólares.

Os gestores das Organizações Michaleson estão implementando um processo de auditoria tributária na empresa.

Com base nos relatórios preliminares fornecidos pela organização responsável pela auditoria, a empresa obteve as seguintes informações:

> há uma significativa incidência de impostos por conta das operações de comércio exterior da organização;
> esses impostos precisam ter seus valores recalculados e devem ser revistos;
> no ano anterior, a empresa pagou o equivalente a R$ 50 milhões de reais somente de adicional ao frete para renovação da Marinha Mercante (AFRMM);
> os gestores da empresa participaram de um movimento com a Federação das Empresas de seu estado para pressionar por menores taxas de impostos para as organizações de comércio exterior.

Considerando o contexto apresentado, ficou acertado entre a gestão e o Sr. Cleiton Henrique que ele seria o responsável por realizar uma apresentação sobre o AFRMM na Federação das Empresas. Nessa apresentação, ele deveria indicar todos os pontos que estão relacionados ao AFRMM para que os empresários pudessem compreender como esse imposto atua.

Resolução
Em sua apresentação, o Sr. Cleiton Henrique deve abordar que uma das formas encontradas pelo Governo Federal para incentivar o transporte hidroviário foi o AFRMM, responsável por financiar estudos, pesquisas e investimentos voltados ao desenvolvimento do sistema mercante. Em síntese, o AFRMM é a taxa repassada ao Departamento da Marinha Mercante (DMM) para que este possa fiscalizar e controlar

toda a navegação hidroviária realizada nos rios, nos lagos e na costa brasileira. O sistema mercante fornece informações e está integrado a alguns órgãos governamentais, como a Secretaria Especial da Receita Federal, o DMM e o Ministério da Economia, Indústria, Comércio Exterior e Serviços.

Esse sistema efetua o controle aduaneiro das embarcações que realizam o transporte de cargas pelo modal aquaviário, visando controlar as exportações, as importações e as navegações de cabotagem e interior. Em suma, o sistema mercante realiza o controle de todas as operações que passam por algum tipo de transporte aquaviário no Brasil.

Entre os principais objetivos do sistema mercante está o de sistematizar os processos, com vistas a garantir um tratamento igualitário de todas as informações relacionadas ao transporte de mercadorias pelo modal aquaviário brasileiro. Ao sistematizar processos, a Marinha Mercante garante certo grau de previsibilidade aos usuários do transporte aquaviário, permitindo, assim, que empresas e profissionais possam planejar suas operações sem nenhum tipo de surpresa.

Além disso, o sistema mercante objetiva integrar as informações por ele recebidas aos demais sistemas do Governo Federal. Essa integração ocorre basicamente por meio do Sistema Integrado de Comércio Exterior (Siscomex) e do Siscomex Carga (Siscarga).

Outro objetivo do sistema mercante brasileiro é a desburocratização. Por meio desse sistema, são planejadas e desenvolvidas diversas ações que buscam reduzir os custos operacionais do transporte aquaviário. Essas medidas visam atuar tanto na simplificação de operações quanto na redução dos documentos necessários para o transporte por esse modal.

Ademais, a busca por automatizar a arrecadação do AFRMM é uma das principais motivações do sistema mercante nacional. Com isso, ele garante que a taxa seja efetivamente paga e tenha a destinação adequada. O AFRMM incide sobre o valor do frete, que pode ser considerado como a remuneração paga a uma empresa para que ela efetue o transporte aquaviário de uma mercadoria. Seus percentuais são os seguintes: 25% sobre o valor do frete para as navegações de longo curso; 10% sobre o valor do frete para as navegações de cabotagem (realizadas entre portos localizados no Brasil); 40% sobre o valor do frete para a navegação em rios e lagos de granéis líquidos nos estados do Norte e do Nordeste.

Ao estabelecer ao sistema mercante a responsabilidade por automatizar a arrecadação do AFRMM, o Governo Federal acaba por delegar a esse sistema uma grande responsabilidade, tendo em vista que os valores arrecadados são bilionários. Somente no ano de 2019, segundo dados do Ministério da Infraestrutura, foi arrecadado por meio do AFRMM o montante de R$ 4.279,5 bilhões, com um incremento de 7,6% em relação ao ano anterior.

Dica
ENTENDA mais sobre o SISCOMEX. Disponível em: <https://www.youtube.com/watch?v=-ym8aSNxN-8>. Acesso em: 20 nov. 2021.
Saber como operar os sistemas de comércio exterior é imprescindível para os profissionais que pretendem atuar na área. Assista ao vídeo sugerido para entender algumas especificidades do Siscomex.

5

Ferramentas para gestão de portos e de aeroportos

Conteúdos do capítulo

> Ferramentas de gestão de portos e de aeroportos.
> Gestão de processos no ambiente organizacional.

Após o estudo deste capítulo, você será capaz de:

1. descrever as principais ferramentas de gestão que podem ser utilizadas nas operações de portos e de aeroportos;
2. conhecer os princípios fundamentais da elaboração da estratégia empresarial;
3. compreender o uso da análise de SWOT como forma de conhecer o ambiente interno e externo de portos e de aeroportos;
4. conhecer como os principais recursos existentes dentro das organizações portuárias e aeroportuárias podem ser geridos para aumentar sua eficiência.

É MUITO IMPORTANTE CONSIDERAR O USO DE FERRAMENTAS de gestão na elaboração da estratégia e da gestão dos negócios, de modo a aprimorar sua eficiência e sua eficácia. Por isso, todos que atuam ou pretendem atuar na gestão de portos e aeroportos devem capacitar-se para atender às necessidades de inovação presentes no dia a dia.

Além disso, saber como gerir os três importantes recursos que compõem uma organização – pessoas, finanças e materiais – deve ser uma das principais atividades dos gestores de portos e de aeroportos.

Quando observamos um porto ou um aeroporto, é possível notar enormes máquinas, muita tecnologia e recursos financeiros investidos de variadas formas. Entretanto, não devemos menosprezar o impacto que as pessoas têm nesses ambientes. Os gestores precisam estar sempre preocupados com desenvolver políticas de recursos humanos que valorizem seus colaboradores e suas funções.

Neste capítulo, abordaremos algumas ferramentas de gestão que fazem parte de portos e de aeroportos. Também apresentaremos outras ferramentas que podem ser implementadas para aprimorar a gestão desses negócios.

A tecnologia da informação tornou-se um componente necessário e indissociável de todas as organizações que pretendem melhorar seus resultados, diminuir seus custos e atender mais eficientemente seus clientes.

Cabe aos gestores a árdua tarefa de definir os rumos organizacionais, tal que, a todo momento, devem tomar decisões sobre os recursos das diferentes áreas de uma organização e sobre os investimentos que serão realizados para alcançar os resultados almejados pelos acionistas.

O que é

A **simplificação de processos** deve ser objetivo dos gestores e uma prática recorrente em todas as organizações portuárias e aeroportuárias.

O uso da tecnologia da informação contribui com a função primordial dos gestores, isto é, a tomada de decisões. Com a tecnologia, é possível que eles considerem uma enorme quantidade de variáveis, informações e dados, que, por sua vez, são transmitidos e processados por potentes computadores e por *softwares* eficientes. É possível afirmar que, com o uso das tecnologias, as decisões têm-se tornado mais assertivas e oferecido melhores resultados operacionais.

A função dos gestores não se limita à tomada de decisões. Eles devem, também, proporcionar todo o suporte necessário para os profissionais que atuam nessas organizações e que têm seus trabalhos atrelados às suas decisões. Nesse sentido, a tecnologia mostra-se uma importante aliada, especialmente em setores que demandam alta tecnologia, como o portuário e o aeroportuário.

As ferramentas mais utilizadas pelas gestões de portos e de aeroportos são:

› análise de SWOT;
› elaboração de planos de negócios para novos investimentos;
› mecanismos de coordenação;
› mapeamento de processos.

A seguir, apresentaremos os conceitos e as principais aplicabilidades de cada uma dessas ferramentas.

5.1 Análise de SWOT

A origem do termo *SWOT* é desconhecida, embora muitos especialistas apontem como seu criador o professor Albert Humphrey, da Universidade de Stanford, que, entre os anos 1960 e 1970, realizou uma pesquisa com as 500 maiores empresas estadunidenses de acordo com *ranking* elaborado pela revista *Fortune*. Essa foi a primeira grande pesquisa que aplicou os conceitos iniciais do procedimento que viria a ser conhecido como *análise de* SWOT e seria amplamente utilizado nos anos seguintes.

A análise de SWOT é empregada tanto por pesquisadores que realizam seus estudos dentro do meio acadêmico quanto por profissionais que atuam no ambiente organizacional.

De acordo com Helms e Nixon (2010, p. 216, tradução nossa),

> SWOT tem sido usado por inúmeros profissionais e pesquisadores de *marketing* e é uma ferramenta frequente e popular entre estudantes de estratégia e *marketing* de negócios. Sua simplicidade e seu acrônimo cativante perpetuam seu uso nos negócios e além, na medida em que a ferramenta é usada para avaliar alternativas e situações de decisão complexas. Na área de negócios, o agrupamento de questões internas e externas é um ponto de partida frequente para o planejamento estratégico. Pode ser construído rapidamente e pode beneficiar-se de vários pontos de vista como um exercício de *brainstorming*.

Com o maciço uso da análise de SWOT no ambiente organizacional, torna-se necessário conhecer essa ferramenta e compreender como ela ajuda os profissionais nos diferentes processos de gestão.

A primeira especificidade da análise de SWOT é o fato de funcionar com a colaboração de diferentes profissionais. Conforme indicaram Helms e Nixon (2010) no trecho citado, ela deve ser realizada em uma sessão de *brainstorming*, de modo que todos os participantes apontem aspectos organizacionais.

> **O que é**
>
> Um ***brainstorming***, ou, em português, "tempestade de ideias", é uma técnica de dinâmica de grupo amplamente utilizada pelas mais diferentes organizações, a fim de explorar a potencialidade criativa de um indivíduo ou de um grupo.
>
> Em um *brainstorming*, uma equipe de trabalho é apresentada a um tema sobre o qual cada um dos participantes deve falar a respeito de maneira livre e descompromissada. Enquanto isso, alguém faz as anotações de tudo o que for dito. Essas anotações, posteriormente, são discutidas pela própria equipe e/ou por pessoal externo.

A análise de SWOT, portanto, está umbilicalmente ligada à realização de um *brainstorming*. Na etapa do *brainstorming*, são inseridos os primeiros aspectos da análise de SWOT, os quais, inclusive, originam o acrônimo:

› **S***trengths* (forças);
› **W***eaknesses* (fraquezas);
› **O***pportunities* (oportunidades);
› **T***hreats* (ameaças).

A análise de SWOT verifica tanto o ambiente interno quanto o ambiente externo da organização (Figura 5.1). Assim, apresenta um panorama completo do campo de negócios.

Figura 5.1 – **Aspectos da análise de SWOT**

```
                    ┌─ Ambiente ──┬── Forças
                    │   interno   │
                    │             └── Fraquezas
        SWOT ───────┤
                    │             ┌── Oportunidades
                    └─ Ambiente ──┤
                        externo   └── Ameaças
```

A respeito do ambiente interno das organizações, os profissionais devem observar as seguintes características:

› **Forças:** são atributos considerados únicos pela organização, que representam os diferenciais de seus negócios. Como forças, também são ponderados aspectos que levam a organização em direção a seus objetivos.

Exemplificando

Um aeroporto pode apresentar como uma de suas forças o fato de estar localizado em uma região com muitos clientes em potencial, como as regiões metropolitanas.

› **Fraquezas:** são os produtos, os serviços e quaisquer pontos da organização que não tenham bom desempenho. Por isso, devem receber melhorias em seus processos ou, até mesmo, deixar de existir. As fraquezas devem ser avaliadas, pois são responsáveis por afastar a organização de seus objetivos e por tornar os obstáculos mais difíceis de serem superados.

Com relação ao ambiente externo, analisam-se os seguintes aspectos:

> **Oportunidades:** envolve todas as possibilidades que poderiam ser aproveitadas pela organização e que ainda não o foram. É possível avaliar os objetivos da organização e verificar se estão alinhados às expectativas e às disponibilidades do mercado.
> **Ameaças:** são todos os pontos que podem causar algum tipo de problema para a organização. Devem ser considerados os componentes políticos, sociais e econômicos capazes de afetar os negócios no médio e no longo prazos.

Exercício resolvido

A realização da análise de SWOT é altamente recomendável para que as organizações, independentemente de seu setor e de seu tamanho, descubram quais são suas perspectivas para o futuro.

Considerando o exposto, assinale a alternativa que apresenta a fase da análise de SWOT em que é possível avaliar os produtos, os serviços e quaisquer pontos da organização que não tenham bom desempenho:
a) Forças.
b) Fraquezas.
c) Oportunidades.
d) Ameaças.

Gabarito: B
***Feedback* do exercício:** Durante a fase de verificação das fraquezas, são avaliados os produtos, os serviços e quaisquer pontos da organização que não tenham bom desempenho.

Para exemplificarmos o uso dessas ferramentas de gestão nas organizações portuárias, analisaremos, na sequência, alguns tópicos levantados pela equipe de gestão do Porto de Santos, em processo realizado em 2019.

O processo de planejamento estratégico realizado na organização contou com três fases distintas (Santos Port Authority, 2019):

1. **diagnóstico**: que serviu para que os colaboradores do Porto de Santos refletissem sobre como se encontravam as atividades e a organização naquele ano;
2. **ambições**: que buscou definir o objetivo futuro da gestão do porto para a organização; e
3. **caminhos para evoluir**: que apresentou possibilidades para que a organização ponderasse mudanças visando a seu aprimoramento.

Na fase de diagnóstico, foi aplicada a ferramenta de análise de SWOT, conforme exposto na Figura 5.2.

Figura 5.2 – Análise SWOT do Porto de Santos

S	W
› Linhas marítimas › Maior porto do Hemisfério Sul › Infraestrutura de acessos › Nova equipe com liberdade de atuação › Hinterlândia com 65% do PIB	› Resistência a inovações › Sistema de governança incipiente › Desequilíbrio econômico-financeiro › Passivo trabalhista › Contratos mal-concebidos › Inadequação da estrutura

O	T
› Desestatização › Concessão de ativos e de serviços › Leilões e adensamentos de áreas portuárias › Descentralização da administração › Outorgas dos leilões de áreas	› Portus › Descontinuidade da gestão › Suspensão da certificação do PSPP › Clientes inadimplentes

Fonte: Santos Port Authority, 2019, p. 5.

Com base na análise de SWOT do Porto de Santos, temos que, com relação a seu ambiente interno, suas forças são (Santos Port Authority, 2019):

› **Linhas marítimas**: a operação portuária em Santos oferece uma grande quantidade de linhas marítimas, o que torna o porto detentor de opções variadas para seus clientes.
› **Maior porto do Hemisfério Sul**: essa é uma importante vantagem da organização, possibilitando novas parcerias e oportunidades.
› **Infraestrutura de acessos**: como é grande e tem inúmeros clientes, o porto montou toda uma infraestrutura a seu redor, o que o torna mais eficiente.
› **Nova equipe com liberdade de atuação**: essa é uma característica importante, pois garante decisões mais rápidas e mais eficientes.
› **Hinterlândia com 65% do PIB**: significa que esse percentual do PIB tem acesso ao porto por vias terrestres, fluviais e lacustres e pode tornar-se seu cliente.

Considerando, ainda, o que foi exposto pela análise de SWOT do Porto de Santos, temos que, quanto a seu ambiente interno, suas fraquezas são (Santos Port Authority, 2019):

› **Resistência a inovações**: por ser um porto antigo, é natural que a organização tenha colaboradores resistentes aos processos de mudança.
› **Sistema de governança incipiente**: a governança ainda não está estabelecida por completo dentro da estrutura portuária do Porto de Santos.

> **Desequilíbrio econômico-financeiro:** a organização ainda não apresenta um equilíbrio entre entradas e saídas de recursos em sua contabilidade.
> **Passivo trabalhista:** há inúmeros processos trabalhistas que estão sendo julgados e que envolvem a organização, o que pode representar futuras despesas.
> **Contratos mal-concebidos:** alguns contratos foram estabelecidos pela administração do porto sem que as despesas e as receitas fossem calculadas corretamente. Com isso, a organização detém contratos em vigência que representam problemas para a gestão do negócio.
> **Inadequação da estrutura:** apesar de ter uma estrutura robusta, a empresa ainda carece de novos investimentos, principalmente para adequar a estrutura para o atendimento de novos clientes.

Mais uma vez com fundamento na análise de SWOT do Porto de Santos, temos que, relativamente a seu ambiente externo, suas oportunidades são (Santos Port Authority, 2019):

> desestatização;
> concessão de ativos e de serviços;
> leilões e adensamentos de áreas portuárias;
> descentralização da administração;
> outorgas dos leilões de áreas.

Refletindo sobre as fraquezas apresentadas pelo Porto de Santos, a equipe aponta o caminho da desestatização, um tema frequente por conta do tamanho e da importância da organização. São muitos os pontos positivos e os pontos negativos da desestatização do Porto de Santos. Assim, todos os envolvidos devem agir com parcimônia, para que não sejam dados passos que gerem problemas na prestação dos serviços aos clientes, o que afetaria a saúde financeira da organização.

O que é

Em um **processo de desestatização**, o governo deixa de ser dono de determinadas propriedades e dos direitos de ofertar certos serviços. Exemplos são os processos de desestatização de portos e de aeroportos em curso na atualidade.

Sobre o processo de desestatização do Porto de Santos, surgem algumas preocupações:

> A desestatização do Porto de Santos é vista com euforia pelo setor privado, mas as preocupações iniciais sobre o processo já começam a aparecer, segundo companhias e especialistas do setor, que falaram com a reportagem sob condição de anonimato. Entre as questões, estão dúvidas sobre conflitos de interesse, passivos ambientais e resistências internas que poderão dificultar a conclusão do processo até 2022.
>
> O primeiro questionamento começou já com a seleção do consórcio que fará os estudos de modelagem. O grupo vencedor da concorrência, promovida pelo BNDES, é liderado pela DTA Engenharia, que hoje faz a dragagem no porto. A escolha foi vista por alguns com desconfiança, já que o serviço, que é bastante rentável, deve entrar no pacote da desestatização–ou seja, a companhia poderia ter algum conflito de interesse na modelagem. (Hirata, 2020)

A desestatização de uma organização como o Porto de Santos impõe vários desafios a todos os gestores da organização, como a definição das responsabilidades de cada parte.

Basicamente, existem dois importantes pontos de atenção no momento da elaboração do planejamento estratégico desse processo de desestatização da organização. O primeiro está relacionado ao grupo empresarial que deve assumi-la. O segundo refere-se ao grau de autonomia que ela terá em relação ao governo, o atual proprietário do Porto de Santos.

Outro que ponto que deve ser ponderado – em especial, no caso do Porto de Santos – é o desequilíbrio econômico-financeiro, uma vez que o grupo que assumir a gestão da organização pode ter dificuldades para fechar as contas sem realizar o aumento das tarifas, o que provocaria um aumento tanto nos valores dos serviços portuários para exportadores e para importadores quanto na perspectiva de custo Brasil para as organizações.

Segundo Hirata (2020),

> Um possível aumento das tarifas cobradas pela companhia docas também é uma preocupação para alguns. Para uma fonte, a avaliação inicial é que, sem taxas mais caras, a conta não fecha, considerando que o novo controlador terá que fazer investimentos volumosos, eventualmente assumir passivos e ainda gerar retorno para seus acionistas.
>
> Para outra fonte, de fato há uma forte possibilidade de as cobranças subirem, porém, não necessariamente a conta sairá mais cara para quem opera no porto. Isso porque, hoje, as empresas deixam de ter receita devido a

ineficiências, como filas de navios e dificuldades de acesso da carga. Sua avaliação é que os ganhos vão superar eventuais aumentos.

Com base no que foi exposto na análise de SWOT do Porto de Santos, com relação a seu ambiente externo, elencaram-se as seguintes ameaças (Santos Port Authority, 2019):

› **Portus**: é um plano de previdência dos trabalhadores do setor portuário. Segundo Balbino (2020), "a autoridade portuária de Santos repassou, na segunda-feira (22 [de junho de 2020]), R$ 117,8 milhões ao Instituto de Seguridade Social Portus, o fundo de pensão dos trabalhadores portuários". Assim, o Portus acaba acarretando custos maiores para Porto de Santos, o que aumenta seus gastos.

› **Descontinuidade da gestão**: com o processo de desestatização em curso, é natural que sejam previstas, também, mudanças relacionadas ao modelo de gestão.

› **Clientes inadimplentes**: a inadimplência assola todas as empresas. Entretanto, considerando os valores dos contratos estabelecidos por uma organização do porte do Porto de Santos, isso pode acentuar seu desequilíbrio econômico-financeiro.

› **Suspensão da certificação do Plano de Segurança Pública Portuária (PSPP)**: a certificação do PSPP vence, de modo que deve ser renovada. Trata-se de um documento relevante para a gestão portuária.

Considerar todas as especificidades da organização é importante no momento da realização de uma análise de SWOT. No caso do Porto de Santos, os gestores apresentaram como uma ameaça significativa a iminência da suspensão da certificação do PSPP.

> **O que é**
>
> O **Plano de Segurança Pública Portuária** (PSPP) é uma obrigatoriedade imposta pelo Governo Federal com o intuito de organizar a segurança portuária. Essa medida objetiva, ainda, prevenir e reprimir todos os atos ilícitos que podem ser realizados dentro de um porto.

Todas as organizações portuárias devem elaborar um PSPP e enviá-lo para ser aprovado pela Comissão Estadual de Segurança Pública nos Portos, Terminais e Vias Navegáveis (Cesportos), constituída por representantes das seguintes entidades:

> Polícia Federal;
> Capitania dos Portos;
> Secretaria Especial da Receita Federal;
> Administrações Portuárias;
> Governo do Estado.

A coordenação das Cesportos nos estados ocorre sob o comando da Polícia Federal. Essas comissões estaduais estão subordinadas às deliberações elaboradas e divulgadas pela Comissão Nacional de Segurança Pública nos Portos, Terminais e Vias Navegáveis (Conportos). Como se trata de uma comissão de abrangência nacional, a Conportos conta com os seguintes participantes:

> representantes da Justiça, que a presidirão;
> representantes da Marinha;
> representantes da Fazenda;
> representantes das Relações Exteriores;
> representantes dos Transportes.

De acordo com o art. 3º do Decreto n. 9.861, de 25 de junho de 2019 (Brasil, 2019), são funções da Conportos:

> I – dispor, em âmbito nacional, sobre procedimentos de segurança pública nos portos, terminais e vias navegáveis;
>
> II – zelar pelo cumprimento da legislação nacional, dos tratados, das convenções, dos códigos internacionais e das respectivas emendas das quais o País seja signatário que disponham sobre segurança e proteção nos portos, terminais e vias navegáveis;
>
> III – avaliar periodicamente a segurança pública nos portos, terminais e vias navegáveis e encaminhar aos órgãos competentes eventuais necessidades identificadas;
>
> IV – elaborar projetos de segurança pública específicos para os portos, terminais e vias navegáveis e buscar, por meio da Organização Marítima Internacional, assistência técnica e financeira de países doadores e instituições financeiras internacionais;
>
> V – apresentar às autoridades competentes sugestões de consolidação e de aperfeiçoamento de leis e de regulamentos;

VI – avaliar programas de aperfeiçoamento das atividades de segurança pública nos portos, terminais e vias navegáveis;

VII – acompanhar as ocorrências de ilícitos penais nos portos, terminais e vias navegáveis;

VIII – elaborar e alterar seu regimento interno e submetê-lo à aprovação do Ministro de Estado da Justiça e Segurança Pública;

IX – orientar as Cesportos, no que for cabível;

X – informar à Agência Nacional de Transportes Aquaviários a constatação de não conformidades que possam implicar penalidades, tais como a ocorrência de operação portuária fora da área outorgada ou o início da operação de novas instalações portuárias sem que os estudos de avaliação de riscos e os planos de segurança portuária tenham sido previamente aprovados pela Conportos; e

XI – informar a cassação das declarações de cumprimento de instalações portuárias à Secretaria Especial da Receita Federal do Brasil do Ministério da Economia para fins de avaliação dos requisitos e das condições de alfandegamento. (Brasil, 2019)

Para saber mais

BRASIL. Ministério da Justiça e Segurança Pública. Comissão Nacional de Segurança Pública nos Portos, Terminais e Vias Navegáveis. **Plano de Segurança Portuária**. Template. Disponível em: <https://www.gov.br/pf/pt-br/assuntos/seguranca-portuaria/MinutadePSP240920.pdf>. Acesso em: 20 nov. 2021.

> Nesse *link*, verifique como um PSPP deve ser elaborado e apresentado às autoridades para que obtenha a aprovação das comissões responsáveis.

5.2 Elaboração de planos de negócios

Muitas vezes, os gestores costumam utilizar a metodologia de elaboração de um plano de negócios apenas quando abrem uma nova organização ou quando realizam estudos para um novo investimento. Entretanto, esse método pode ser aplicado quando a organização planeja realizar a expansão de algum setor. Nesse sentido, é possível elaborar um plano de negócios em portos e aeroportos que estiverem expandindo suas atividades e criando novas unidades de negócios.

Assim, gestores de organizações portuárias e aeroportuárias podem elaborar planos de negócios por inúmeros motivos, como:

> - aumento do leque de serviços oferecidos a seus clientes;
> - recepção de um novo tipo de navio (no porto) ou de aeronave (no aeroporto) que demande ajustes na estrutura da organização;
> - acréscimo de empresas no perímetro portuário ou aeroportuário;
> - necessidade de reestruturar serviços ofertados pela organização, em busca de maior eficiência;
> - busca por melhorias na qualidade dos serviços ofertados aos clientes;
> - introdução de novas tecnologias na prestação de serviços aos diferentes clientes.

Sobre o plano de negócios, Bernardi (2019, p. 9) afirma: "qualquer empreendimento passa por ciclos de vida bem definidos, com desafios e características específicas e particulares, do ponto de vista da gestão, o que demanda planos de negócios distintos, bem como estratégias apropriadas ao estágio evolutivo". Portanto, mesmo um porto ou aeroporto estabelecido no mercado pode amparar-se em um plano de negócios para implementar uma inovação.

A estrutura dos planos de negócios é definida e estabelecida pela teoria da administração, de modo que os gestores, sempre que forem aplicar essa metodologia, devem apoiar-se nos modelos comprovadamente funcionais e efetivos.

Excetuando os casos em que a atividade realizada pela organização exige um modelo adaptado e especial, os planos de negócios, na maioria dos casos, compreendem os seguintes elementos:

- **Capa**: contém informações básicas, como o nome da empresa, o setor de atuação e a identificação do responsável pela elaboração do plano.
- **Índice**: apresenta os conteúdos abordados no plano. Em alguns casos, pode não estar presente. Isso depende muito do modelo e da metodologia empregados.
- **Sumário executivo**: é utilizado como um chamariz para o conteúdo do plano de negócios. Por isso, "deve ser escrito com atenção e com enfoque na venda do conceito de negócio, mostrando seu potencial de retorno e eventuais contrapartidas a parceiros/investidores interessados na empresa" (Dornelas, 2018, p. 4).

- **Descrição da empresa**: é uma breve apresentação da empresa. De modo sintético, cita todas as informações relevantes que agreguem valor ao plano de negócios.
- **Planejamento estratégico**: apresenta informações a respeito do posicionamento da empresa perante o mercado em que atua ou pretende atuar. Sua posição após a execução do plano e, também, os caminhos que seguirá devem ser esclarecidos, bem como metas, objetivos, valores, missão e visão.
- **Produtos e serviços**: seção que contém os produtos e os serviços oferecidos pela organização e seu posicionamento no mercado.
- **Análise de mercado**: busca "apresentar uma análise do setor de mercado deve apresentar dados referentes ao tamanho, ao índice de crescimento e à estrutura do setor de mercado em que a empresa atua ou atuará" (Biagio; Batocchio, 2012, p. 116).
- **Plano de *marketing***: relaciona todos os aspectos ligados ao *marketing* da organização, com informações a respeito do posicionamento de seus produtos e de seus serviços, de sua precificação e de sua distribuição. Indica, ainda, como os produtos se posicionam em relação aos da concorrência.
- **Plano operacional**: discrimina informações restritas às operações e à forma como produtos e serviços são disponibilizados aos clientes. Nesse plano, são apresentados os principais gargalos das operações e sugestões para melhorá-los.
- **Plano financeiro**: reúne os dados financeiros e informações afins, de modo a agrupar dados técnicos que oferecem um panorama financeiro geral do negócio.

Durante a elaboração de um plano de negócios, é importante que a organização realize um planejamento dos investimentos, contemplando as informações de investimentos – pré-operacionais e fixos –, capital de giro e necessidades de capacitação dos recursos humanos.

> **Exercício resolvido**
>
> O processo de elaboração de um plano de negócios impõe uma estrutura básica a ser seguida por gestores e organizações. Nesse contexto, assinale a alternativa que apresenta a parte do plano de negócios que contém as informações restritas às operações e à forma como produtos e serviços são disponibilizados aos clientes:
> a) Capa.
> b) Sumário executivo.
> c) Planejamento estratégico.
> d) Plano operacional.
>
> Gabarito: D
>
> *Feedback do exercício*: O plano operacional discrimina informações restritas às operações e à forma como produtos e serviços são disponibilizados aos clientes.

Um programa de melhoria do desempenho também deve ser apresentado pela organização em seu plano de negócios. Esse tipo de atividade contribui para que as empresas portuárias e aeroportuárias superem os gargalos das operações. É possível que um levantamento de suas fraquezas e de suas forças seja feito, de modo que uma análise de SWOT pode colaborar com esse plano de melhorias.

Caso a organização apresente algumas especificidades na elaboração de seu plano de negócios, estas podem ser apresentadas em anexos ao documento final.

A estrutura do plano de negócios permite que as empresas tenham um norte no momento de realizar novos investimentos, tal que esse documento ganha maior importância. Os gestores de portos e de aeroportos devem tornar a prática de elaboração de planos de negócios um padrão para novos investimentos da organização.

O processo de elaboração de estratégias das organizações portuárias e aeroportuárias, tanto novas quanto estabelecidas no mercado, depende muito da forma como seu plano de negócios foi desenvolvido pelos gestores. Dessa maneira, o processo de definição, formulação, implementação e análise da viabilidade de suas atividades deve ser seguido de acordo com tudo o que for apresentado e planejado pela organização.

Empresas de todos os setores buscam subsídios que lhes permitam desenvolver a melhor estratégia mercadológica para seus produtos e serviços. Pesquisas de mercado, planos de negócios e contratação de consultorias são usados no momento da elaboração de expedientes de organizações de sucesso.

O plano de negócios, juntamente às pesquisas de *marketing*, tem contribuído muito para as organizações que buscam estabelecer-se no mercado e lograr sucesso empresarial. De acordo com Barbante et al. (2012, p. 4), "uma estratégia deve detalhar o mercado que a empresa irá focalizar, de tal forma que os envolvidos no processo dentro da organização direcionem energia e esforços nos segmentos tidos como mais vantajosos em relação à concorrência".

Nesse sentido, as organizações precisam ter, em seu ambiente, um conceito bem definido de estratégia, que direciona as demais atividades em seus respectivos negócios.

Os itens da estratégia mercadológica que contribuem para que empresas alcancem sucesso, fidelizem seus clientes e superem as dificuldades operacionais (gargalos) são:

› mercado-alvo;
› posicionamento central;
› posicionamento de preço;
› proposta total do valor;
› estratégias de distribuição;
› comunicação.

Atualmente, os planos de negócios são muito utilizados pelas organizações portuárias e aeroportuárias. Em 2019, o Complexo Portuário do Rio de Janeiro e Niterói divulgou o documento que ficou conhecido como Plano Mestre, que objetivava "proporcionar ao Setor Portuário Nacional uma visão estratégica a respeito do desenvolvimento do Complexo Portuário ao longo dos próximos anos e indicar ações necessárias para que as operações ocorram com níveis adequados de serviço" (Labtrans, 2019, p. 9).

Conforme expusemos, a estrutura do plano de negócios pode ser adaptada de acordo com as necessidades da organização que o adota, logo sua flexibilidade é importante. No caso do Complexo Portuário do Rio de Janeiro e de Niterói, o plano de negócios dividiu-se, basicamente, em dez partes:

› **Introdução:** contempla a exposição dos objetivos e da estrutura do Plano Mestre, além de uma breve caracterização acerca do Complexo Portuário em análise, a fim de situar o leitor sobre as análises que são expostas ao longo do relatório e as estruturas avaliadas.

› **Projeção de demanda de cargas:** apresenta uma visão geral acerca do perfil das movimentações do Complexo Portuário do Rio de Janeiro e Niterói, indicando os volumes movimentados e exibindo os dados por natureza de carga, sentido de movimentação e tipo de navegação para o ano-base (2017) considerado no estudo. Além disso, é apresentado o histórico de movimentação das mercadorias relevantes no Complexo Portuário, para os últimos cinco anos, detalhado por carga relevante, identificando o sentido da movimentação, as principais origens e destinos e a taxa de crescimento para cada carga avaliada. Essa seção também apresenta as principais informações que balizaram a projeção de demanda e os valores previstos de movimentação até o ano de 2060.

› **Infraestrutura e operações portuárias:** Consiste na apresentação das informações cadastrais acerca da infraestrutura da instalação portuária que compõe o Complexo Portuário do Rio de Janeiro e Niterói, abrangendo análises sobre obras de abrigo, estruturas de acostagem, equipamentos portuários, áreas de armazenagem, serviços oferecidos e a descrição de melhorias/expansões nas estruturas existentes. Da mesma forma, são apresentados os indicadores operacionais, as premissas e os critérios considerados para o cálculo da capacidade portuária de cais e de armazenagem. A partir da comparação entre a demanda projetada para cada instalação e os valores de capacidade portuária calculados para cada uma dessas, são apresentados os eventuais déficits de capacidade.

> **Acesso aquaviário**: neste capítulo é apresentada a descrição do canal de acesso, da bacia de evolução e dos fundeadouros, com ênfase nas principais regras de tráfego e limitações do acesso aquaviário do Complexo Portuário do Rio de Janeiro e Niterói. Na sequência é descrito o processo de elaboração do modelo de simulação, que é utilizado para a definição da capacidade do acesso aquaviário. São abordadas também a frota atual e a frota que deverá frequentar o Complexo Portuário no horizonte de análise, de modo a comparar demanda e capacidade do acesso.

> **Acesso terrestre**: abrange além da divisão modal, as análises dos acessos rodoviários e ferroviários ao Complexo Portuário. Para ambos os modais, são apresentadas informações acerca das vias que conectam as instalações portuárias com suas hinterlândias, e são avaliados os entornos e depois as condições internas, considerando as especificidades de cada modal. Após a identificação da capacidade atual, é feita uma estimativa do número de veículos que deverá acessar o Complexo Portuário nos horizontes de análise. Esse resultado é então comparado à capacidade futura das vias, a fim de identificar possíveis saturações.

> **Aspectos ambientais:** a seção tem como propósito construir um panorama sobre a influência do Complexo Portuário no meio em que está inserido, com foco na interação das instalações portuárias com o meio ambiente. Para isso, é realizada a caracterização da situação ambiental do Complexo Portuário, seguida da avaliação do Sistema de Gestão Ambiental (SGA) e também da situação do licenciamento ambiental das instalações que compõem o Complexo.

> **Análise da relação porto-cidade:** tem o objetivo de proporcionar uma visão crítica de como o Porto e as outras estruturas portuárias estão inseridos nos contextos urbano, ambiental, social e econômico dos municípios nos quais estão localizados, demonstrando a integração dos portos no planejamento territorial e sua importância para o desenvolvimento econômico local e regional, além de identificar os diferentes conflitos que possam existir nos cenários atual e futuro.

> **Gestão administrativa e financeira da Autoridade Portuária:** contempla a análise sobre a gestão e o modelo de gestão da Autoridade Portuária, avaliando também a exploração do espaço, os instrumentos de planejamento e gestão utilizados, as informações sobre o quadro de pessoal e sobre a situação financeira da Autoridade Portuária.

> **Análise estratégica:** tem o objetivo de sintetizar os pontos positivos e negativos do Complexo Portuário levantados ao longo das análises realizadas, compreendendo tanto o ambiente interno do Complexo quanto o ambiente competitivo em que se encontra inserido.

> **Plano de Ações e Investimentos**: consiste na apresentação das iniciativas necessárias para a adequação do Complexo Portuário em estudo, no sentido de atender, com nível adequado de serviço, à demanda direcionada a esse Complexo, tanto atual quanto futuramente. É também apresentado o prazo sugerido para a operacionalização das ações ao longo do tempo, que deverão ser detalhados no Plano de Desenvolvimento e Zoneamento (PDZ). (Labtrans, 2019, p. 10-11, grifo do original)

Cada uma das partes do Plano Mestre do Complexo Portuário do Rio de Janeiro e Niterói é responsável por apresentar informações necessárias para que todos que o leiam possam compreender do que trata, bem como por garantir sua execução no prazo estipulado. Como se trata de um plano bem detalhado, é plenamente possível que os leitores compreendam os objetivos do complexo portuário, mesmo que desconheçam a área de portos.

A complexidade de uma atividade portuária impõe maiores desafios aos gestores responsáveis por elaborar um plano desse nível. Logo, torna-se importante considerar todas as demais instituições que fazem parte de um complexo portuário. No caso do Complexo Portuário do Rio de Janeiro e Niterói, há:

> Portos Organizados do Rio de Janeiro e de Niterói, administrados pela Companhia Docas do Rio de Janeiro (CDRJ);
> Brasco Logística Offshore (TUP Brasco);
> Empresa Brasileira de Reparos Navais S.A. (TUP Estaleiro Renave);

- Estaleiro Camorim (TUP Estaleiro Camorim);
- Terminal Aquaviário da Ilha Comprida;
- Terminal Aquaviário da Ilha d'Água;
- Terminal Aquaviário de Ilha Redonda;
- Terminal Flexível de GNL da Baía da Guanabara;
- Terminal Ilha do Governador (Ilha Terminal);
- Terminal Marítimo Braskem Rio de Janeiro (Terminal Marítimo Braskem);
- Terminal Marítimo Ponte do Thun;
- Terminal Portuário Clariant (Terminal CCPN);
- Terminal Portuário Estaleiro Brasa (TUP Estaleiro Brasa);
- Terminal Portuário Estaleiro Mauá (TPEM);
- Terminal Portuário Wellstream (TPW);
- TUP Briclog;
- TUP Complexo Ilha do Governador (TUP Cosan);
- TUP Mac Laren Oil;
- TUP UTC Engenharia.

Para saber mais

LABTRANS – Laboratório de Transportes e Logística. **Plano mestre do Complexo Portuário do Rio de Janeiro e Niterói.** Florianópolis: UFSC, 2019. v. 1 Disponível em: <https://antigo.infraestrutura.gov.br/images/2019/Documentos/plano_mestre/RIO-NTR-REL-VF_Vol_1.pdf>. Acesso em: 20 nov. 2021.

Nesse *link*, é possível acessar o primeiro volume do Plano Mestre do Complexo Portuário do Rio de Janeiro e Niterói.

O Plano Mestre do Complexo Portuário do Rio de Janeiro e Niterói demonstra como grandes organizações podem utilizar a metodologia do plano de negócios em sua gestão. Esse método contribui muito para que a organização possa identificar os gargalos operacionais e buscar meios de solucioná-los. Em muitas oportunidades, gestores de organizações fazem altos investimentos em metodologias e consultorias que não entregam o necessário em termos de conteúdo e de aplicabilidade. Em razão disso, a utilização desse tipo de plano é tão bem-vinda, mesmo em grandes organizações, como os portos e os aeroportos.

5.3 Mecanismos de coordenação

Conhecer a estruturação da organização é condição necessária para que todos os gestores tomem as melhores decisões, planejem ações adequadas e cumpram os objetivos do negócio. Além das partes estruturais, é relevante observar os diferentes mecanismos de coordenação de processos, para que estes possam ocorrer corretamente e garantir os melhores resultados.

As organizações nascem com objetivos definidos, que podem sofrer alterações com o passar do tempo e com as mudanças das expectativas de sócios, gestores e demais interessados no negócio. Devemos considerar, ainda, que as organizações são estruturadas para capturar e dirigir os sistemas de fluxos, assim como para definir os inter-relacionamentos de suas diferentes partes.

Observar a estrutura organizacional de um negócio envolve, prioritariamente, compreender dois aspectos que permeiam os estudos desse tema. O primeiro corresponde à divisão do trabalho em tarefas distintas na organização (Aguiar;

Martins, 2006). O segundo está relacionado à coordenação dessas tarefas e a como esta pode ser realizada na empresa. A seguir, listamos e descrevemos os principais mecanismos de coordenação que podem ser utilizados nas organizações portuárias e aeroportuárias – e em todas as demais organizações (Mintzberg, 2015):

> **Ajustamento mútuo:** a coordenação do trabalho é realizada por meio de uma comunicação informal, de modo que o controle permanece nas mãos dos operadores. Esse mecanismo ainda tem, como característica, o fato de ser adotado por organizações de baixa complexidade. No caso dos portos e dos aeroportos, pode ocorrer em setores pequenos, com poucos colaboradores.
> **Supervisão direta:** é um dos mais indicados quando a organização se torna mais complexa, demandando um mecanismo de coordenação mais sofisticado. Segundo Mintzberg (2015, p. 15), "a supervisão direta assume a coordenação quando uma pessoa passa a ser responsável pelo trabalho de outras, dando-lhes instruções e monitorando suas ações".
> **Padronização dos processos de trabalho:** quando o ajustamento mútuo e a supervisão direta não podem ser aplicados às atividades de uma organização, a padronização deve ser utilizada como mecanismo de coordenação (Lima et al., 2014). Uma das formas de padronização diz respeito aos processos de trabalho da organização, que ocorre quando os colaboradores recebem uma descrição das tarefas que devem desempenhar. De posse das instruções,

os trabalhadores ficam impedidos de agir de modo diferente do esperado pela empresa. Um exemplo disso é o dos trabalhadores que atuam nos setores de segurança dos aeroportos, que devem executar os protocolos de segurança para os quais foram treinados, ficando impedidos de agir de maneira diversa do padrão.

› **Padronização dos resultados dos trabalhos**: é utilizado quando as organizações estabelecem resultados de acordo com suas necessidades. Com isso, objetivam apresentar trabalhos que reflitam as necessidades de seus clientes, as de seus parceiros e as suas próprias.

› **Padronização das habilidades dos trabalhadores**: segundo Mintzberg (2015, p. 17), esse mecanismo estabelece que "as habilidades (e o conhecimento) são padronizados quando o tipo de treinamento exigido para o desempenho do trabalho for especificado". Geralmente, nesses casos, os trabalhadores que chegam à empresa já têm treinamento adequado para a realização das atividades, de modo que a empresa não tem a necessidade de treiná-los.

Para saber mais

OLIVEIRA, J. T.; CRISPIM, S. F. Mudanças no modelo de negócio e alinhamento da estrutura organizacional. **Gestão & Regionalidade**, v. 36, n. 108, p. 110-130, maio-ago. 2020. Disponível em: <https://seer.uscs.edu.br/index.php/revista_gestao/article/view/5689/2947>. Acesso em: 20 nov. 2021.

Esse artigo de Oliveira e Crispim demonstra como mudanças podem afetar o alinhamento organizacional de empresas.

Não é necessário que os mecanismos de coordenação estejam atrelados ao tamanho da organização, todavia, de acordo com Mintzberg (2015, p. 17), "à medida que o trabalho organizacional torna-se mais complicado, o meio favorecido de coordenação parece passar do ajustamento mútuo para a supervisão direta e, depois, para a padronização, preferivelmente dos processos de trabalho, diferentemente dos *outputs* ou mesmo das habilidades".

Exercício resolvido

Os mecanismos de coordenação explicam as maneiras fundamentais pelas quais as organizações coordenam seus trabalhos. Esses mecanismos são considerados os mais básicos da estrutura e ajudam a manter as empresas unidas. Nesse sentido, assinale a alternativa que apresenta os mecanismos de coordenação descritos por Mitzberg:

a) Ajuste mútuo; supervisão direta; padronização dos processos de trabalho; padronização dos resultados do trabalho; e padronização das habilidades dos trabalhadores.

b) Comunicação informal; comunicação formal; coordenação de processos; e controles operacionais e estratégicos presentes nas organizações.

c) Controles operacionais; supervisão direta; padronização dos processos de trabalho; padronização dos resultados do trabalho; e controles operacionais e estratégicos presentes.

d) Ajuste mútuo; comunicação formal; padronização das habilidades dos trabalhadores; padronização dos resultados do trabalho; e controles operacionais e estratégicos presentes.

> **Gabarito**: A
> **Feedback do exercício:** Os mecanismos de coordenação descritos por Mitzberg são cinco: ajuste mútuo, supervisão direta, padronização dos processos de trabalho, padronização dos resultados do trabalho, e padronização das habilidades dos trabalhadores. Portanto, não podem ser considerados mecanismos de coordenação comunicação informal, comunicação formal, coordenação de processos e controles operacionais e estratégicos.

5.4 Mapeamento de processos

Os desafios organizacionais estão cada vez mais presentes no dia a dia das organizações portuárias e aeroportuárias. Então, cabe aos gestores e aos líderes definirem quais processos são mais importantes dentro de sua organização e que merecem atenção na busca pelo atendimento das metas e dos objetivos estabelecidos.

Uma das formas que mais utilizadas para a realização do acompanhamento de indicadores dentro das organizações é a metodologia de processos. Com ela, é possível determinar séries históricas de indicadores, que viabilizam maior comparabilidade no alcance de metas.

O termo *processo* origina-se do latim *processu* e carrega como significado principal o "ato de proceder, de ir adiante, maneira pela qual se realiza uma operação, segundo determinadas normas, método, técnica" (Ferreira, 1986, p. 1395). Na gestão organizacional, o termo ganhou espaço e, em geral, é empregado para definir qualquer atividade que contenha as etapas de entrada (*input*), de agregação de valor (processamento) e de saída (*output*) (Figura 5.3).

Figura 5.3 – **Estrutura de um processo**

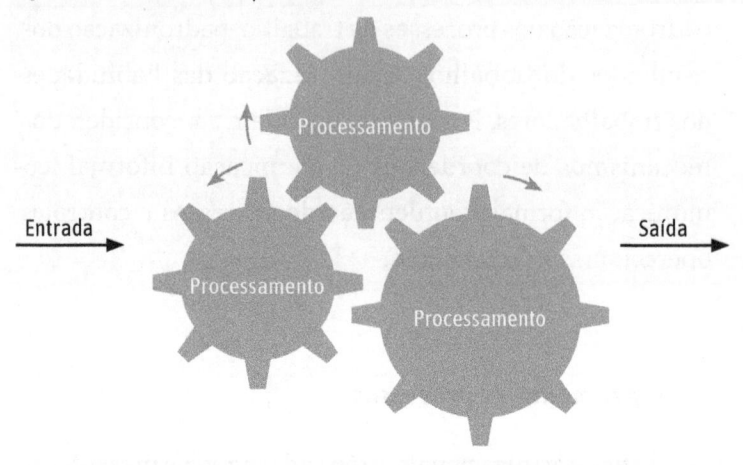

Conforme Pradella, Furtado e Kipper (2016, p. 10),

> A ideia de processo não é nova, mas é novo o entendimento de que o negócio precisa atender aos clientes, visando não colocar em risco a sobrevivência da organização [...] as organizações que adotam o foco nos processos não criam nem inventam seus processos. Eles sempre existiram, porém, em um estado fragmentado, sem nome, sem dono e muitas vezes sem gerência, pois os colaboradores envolvidos não tinham consciência da existência dos processos pelo fato de estarem concentrados apenas nas atividades e na rotina do dia a dia.

A identificação de processos em uma organização é importante, pois possibilita a definição dos papéis dos indivíduos e de todos os demais recursos da empresa. Uma eficiente gestão de processos no ambiente organizacional contribui para atender às necessidades dos clientes e os requisitos do setor em que a organização atua da melhor forma possível.

Existem, dentro de uma empresa, três categorias principais de processos:

1. processos primários, também conhecidos como *processos essenciais*;
2. processos de suporte; e
3. processos de gestão.

Em linhas gerais, os processos primários constituem a cadeia de valor da empresa, já que têm grande participação na criação e na entrega dos produtos e dos serviços aos clientes. Segundo Pradella, Furtado e Kipper (2016, p. 11),

> A cadeia de valor de processos de negócio da empresa descreve uma forma de focar a cadeia de processos que fornece valor ao cliente. Cada uma dessas atividades tem seus próprios objetivos de desempenho conectados aos seus processos de negócio de origem. Os processos primários podem fluir através das funções da organização, através dos departamentos ou até mesmo entre empresas e fornecem uma visão completa do valor criado. Atividades principais são aquelas que estão envolvidas na criação física do produto ou do serviço, por meio das ações de marketing, e transferem para o comprador e para o suporte de pós-venda, denominado valor adicionado.

Os processos de suporte são estruturados para garantir apoio aos processos primários. Para Pradella, Furtado e Kipper (2016, p. 11), "cada um desses processos de suporte pode envolver um ciclo de vida de recursos e está fortemente associado às áreas funcionais. Porém, processos de suporte podem e devem ultrapassar as fronteiras funcionais".

Os processos de gestão são conhecidos por referirem-se à mensuração, ao monitoramento e ao controle das atividades de um negócio.

Quando um processo não apresenta os resultados esperados, faz-se necessário "descobrir, analisar e corrigir nas atividades os problemas que estão causando o não atingimento dos resultados esperados, pois, a rigor, a não ser por suas atividades, todo o processo é abstrato" (Pradella; Furtado; Kipper, 2016, p. 15). Para isso, a organização deve providenciar o mapeamento de seus processos e encontrar eventuais falhas.

Um mapeamento de processos pode ser desenvolvido em três níveis de profundidade: (1) descritivo, (2) analítico e (3) executável. Nesse sentido, muitos gestores ficam em dúvida sobre qual é o nível que devem adotar em seu mapeamento de processos.

O nível descritivo busca apenas a compreensão dos processos por todos da organização. Por sua vez, o nível analítico visa destacar os eventos e os tratamentos de execução, permitindo, assim, informações mais técnicas acerca dos processos. Por fim, o nível executável busca um detalhamento mais profundo, consumindo mais recursos, de modo que não é muito empregado.

As organizações que realizam o mapeamento de seus processos conseguem compreendê-los, documentá-los, padronizá-los, transformá-los e melhorá-los.

Nesse sentido, os portos e aeroportos podem utilizar o mapeamento de processos para resolver diversos problemas que surjam durante suas operações. No setor aeroportuário, essa metodologia pode servir, por exemplo, aos seguintes processos:

> entrada e saída de veículos;
> *check-in*;
> vistorias de segurança;
> movimento na sala de embarque;
> volume de desembarques realizados em dado período;
> movimento de aeronaves nos dias de maior fluxo;
> cargas e descargas;
> despacho e retirada de bagagens.

Uma vez que são muitos os processos em portos e em aeroportos, seus gestores devem buscar especializar-se nas metodologias de mapeamento, a fim de os aprimorar.

De acordo com Pradella, Furtado e Kipper (2016, p. 15), "frequentemente, as entidades reguladoras que governam os negócios poderão criar ou alterar regulamentos que irão requerer que os negócios modifiquem seus processos". Nesse sentido, as organizações podem recorrer à modelagem de processos para contemplar as mudanças no escopo legal sem que isso cause um grande impacto no dia a dia de seu negócio.

Síntese

Neste capítulo, discutimos:

> as especificidades das ferramentas de gestão que podem ser implementadas em portos e em aeroportos por seus gestores;

› a análise de SWOT, uma ferramenta para compreensão dos ambientes interno e externo da organização e dos desafios organizacionais;
› os planos de negócios e seus possíveis usos nos setores portuário e aeroportuário;
› os mecanismos de coordenação para a gestão de portos e de aeroportos;
› o mapeamento de processos.

6

Principais tecnologias, sistemas e indicadores para a gestão de portos e de aeroportos

Conteúdos do capítulo

> Tecnologias e técnicas empregadas em portos e em aeroportos.
> Indicadores de eficiência empregados nos setores portuário e aeroportuário.

Após o estudo deste capítulo, você será capaz de:

1. analisar as principais tecnologias empregadas nas empresas portuárias e aeroportuárias;
2. detalhar como os recursos, as tecnologias, os acordos internacionais e a guerra fiscal entre os estados podem influenciar os portos e os aeroportos a ganhar e a fidelizar seus clientes;
3. reconhecer os indicadores de eficiência de portos e de aeroportos no Brasil.

OS SETORES DE PORTOS E DE AEROPORTOS, NO BRASIL E NO mundo, apresentam uma grande concorrência. Há, também, uma grande variação nos custos entre essas operações. Por isso, empresas e profissionais que necessitam desses serviços negociam valores, a fim de encontrar os maiores descontos possíveis e a melhor qualidade nos serviços prestados.

Os benefícios fiscais concedidos por governos estaduais impactam diretamente a escolha de empresas e gestores por portos e aeroportos adequados ao transporte de suas mercadorias. Esses benefícios constituem a chamada *guerra fiscal,* em que, por exemplo, determinado estado reduz a incidência do Imposto sobre Circulação de Mercadorias e Serviços (ICMS) para as importações realizadas em seus portos, aumentando o volume de negociações em seu território.

Além disso, como, geralmente, a oscilação da cotação do real em relação às moedas estrangeiras diminui a lucratividade de exportadores e importadores, é natural que busquem reduzir os custos de suas mercadorias. Surge, assim, uma enorme briga entre organizações portuárias e aeroportuárias por atender a essas empresas com os menores preços e a maior eficiência possíveis.

Os gestores de empresas portuárias e aeroportuárias devem buscar, sempre, a máxima eficácia em suas operações, visto que são muito caras, na casa de milhares de reais, e envolvem inúmeros profissionais, organizações e órgãos intervenientes. Aviões e navios custam, normalmente, dezenas de milhões de dólares, de modo que, caso estejam parados, representam custos extras e lucros menores para seus proprietários. Nesse sentido, a busca por operações eficientes em portos e em aeroportos é extremamente importante para o comércio exterior e para a logística internacional.

Espera-se que os serviços portuários e aeroportuários ocorram de maneira rápida e de acordo com os padrões determinados pelos órgãos regulamentadores e, principalmente, pelos clientes. O uso de indicadores de eficiência é uma importante ferramenta para verificar se as organizações atuam com eficiência. Por seu intermédio, é possível mensurar o desempenho das operações; comparar esse desempenho com os de períodos passados; propor ajustes; criar referenciais de desempenho; e realizar o planejamento para melhorias nos índices e nas atividades operacionais.

Neste capítulo, abordaremos as principais tecnologias empregadas na gestão de portos e de aeroportos a fim de torná-los mais eficientes e de garantir que seus serviços sejam realizados da melhor forma possível. Também apresentaremos índices e indicadores empregados no setor, bem como sistemas informatizados utilizados pelos órgãos governamentais, que propiciam mais eficiência às operações de portos e de aeroportos.

6.1 Vantagens competitivas e tecnologias em portos e aeroportos

A tecnologia tem feito parte dos negócios desde sempre. Por meio da incorporação e do uso de novas soluções, de máquinas e de equipamentos, foi possível que empresas e negócios avançassem e se profissionalizassem. Quando tratamos de portos e de aeroportos, é importante que consideremos o mercado internacional como grande responsável pelo sucesso dessas organizações. Não há a possibilidade de uma análise séria desses setores desconsiderar o comércio internacional.

O mercado internacional é conhecido por sua grande competitividade. Assim, as empresas que nele atuam e que dele dependem concorrem por uma fatia cada vez mais disputada e cada vez mais difícil dos consumidores. Quaisquer oscilações nos preços das mercadorias e dos serviços e quaisquer mudanças nos padrões de qualidade ofertados podem impactar o volume de vendas das empresas no comércio internacional, aumentando-o e reduzindo-o.

Avaliar como um produto se comporta no mercado internacional e como é avaliado por seus consumidores consiste em uma das principais atividades dos gestores e representa, ainda, uma forma de buscar um aumento substancial das vendas nos mais diversos mercados em que a empresa atua. A busca por vantagens competitivas – ou seja, por algo que diferencie os produtos e os serviços de uma empresa daqueles ofertados pelos concorrentes – deve ser um imperativo para organizações e profissionais que atuam no comércio exterior.

O que é

Uma **vantagem competitiva** consiste em um atributo que somente uma empresa tem e com o qual ela se destaca no mercado e obtém mais clientes. Geralmente, uma vantagem competitiva permite que a empresa fidelize seus clientes.

Atualmente, as organizações podem contar com inúmeras vantagens competitivas. Algumas são inerentes a seus negócios, e outras são derivadas de suas gestões. O Porto de Santos, principal organização portuária do Hemisfério Sul, tem como importante vantagem competitiva uma estrutura constituída ao longo de anos.

6.1.1 Análise de mercado e oferta de serviços

A oferta de produtos e de serviços com boa qualidade permite que as empresas se destaquem, criem possibilidades de negócios e expandam ainda mais suas bases de clientes. A busca por novas oportunidades de negócios deve ser uma prática frequente entre gestores. Por isso, é importante que as pesquisas de mercado considerem certos aspectos metodológicos indispensáveis para seu sucesso.

A seguir, elencamos as principais etapas que devem ser seguidas por gestores e por organizações no desenvolvimento de uma pesquisa de mercado – a qual pode ser utilizada na busca por novos clientes.

› **Seleção do mercado:** depende de vários fatores, pois a empresa pode ser procurada por clientes ou pode prospectá-los por meio da internet, da participação em feiras internacionais e rodadas de negócios, bem como de viagens para a apresentação de seus produtos e serviços.

› **Identificação de tendências e expectativas:** a empresa, baseando-se em uma lista de possíveis clientes, deve contatá-los e identificar o que é esperado de seus produtos em termos de preços, prazos e padrões de qualidade.

› **Análise da concorrência:** é importante para avaliar quais são os níveis estabelecidos no mercado em que se pretende atuar. É possível conhecer a concorrência por meio de pesquisas, da compra de amostras dos produtos ofertados e da consulta a seus clientes

› **Avaliação de oportunidades e ameaças:** auxilia as empresas a conhecer as expectativas do mercado. Geralmente, as embaixadas brasileiras têm departamentos comerciais que ajudam na busca por essas expectativas. Também é possível conhecê-las por meio das Câmaras de Comércio Internacional dos países com que se pretende negociar.

Exercício resolvido

A realização de pesquisas de mercado pelos profissionais responsáveis pela gestão portuária é fundamental, pois possibilita a conquista de novos clientes e a fidelização dos atuais. Nesse sentido, qual etapa da pesquisa de mercado pode utilizar a metodologia de análise de SWOT?
a) Seleção do mercado.
b) Identificação de tendências.
c) Analise da concorrência.
d) Avaliação de oportunidades e ameaças.

Gabarito: D

Feedback do exercício: Conforme indicamos no Capítulo 5, o estudo das oportunidades e das ameaças faz parte da metodologia da análise de SWOT para o ambiente externo.

Uma boa pesquisa de mercado contribui para que as organizações agreguem novas oportunidades comerciais. Nesse sentido, podem ser empregados métodos complementares, por exemplo, uma análise SWOT. No caso das empresas portuárias e aeroportuárias, vale frisar que a pesquisa de mercado não é somente realizada para obter mais clientes, mas, muitas vezes, objetiva encontrar novos parceiros de negócios.

Quando um porto busca novos parceiros, é comum que estes realizem serviços relevantes para sua estrutura. No Quadro 6.1, elencamos quais são os principais parceiros de negócios de um porto e como podem contribuir para o sucesso comercial e a fidelização dos clientes.

Quadro 6.1 – *Possíveis empresas parceiras de um porto*

Parceiro comercial	Serviços prestados nos portos
Empresas que realizam o abastecimento de combustível para navios	De acordo com a existência ou não de parceiros nesse ramo, as empresas donas dos navios selecionam e organizam a escala em portos que tenham o serviço de abastecimento. Assim, os navios atracam, também, para abastecer seus tanques de combustível com óleo *bunker* e com óleos lubrificantes a granel.
Afretador	As empresas conhecidas como *afretadoras* são responsáveis por celebrar os contratos de fretamento com os armadores, contratando, assim, os espaços de carga de um ou de mais navios para os clientes. Em muitas oportunidades, uma empresa afretadora faz o contrato para utilizar um navio inteiro no transporte de carga de maneira regular, como acontece no transporte de mercadorias e de produtos a granel (sólidos e líquidos). A empresa afretadora pode, ainda, credenciar agentes para representá-la, os quais são pessoas físicas e/ou jurídicas que vendem os serviços em troca de uma remuneração.
Agente marítimo	Os agentes marítimos organizam os serviços dos amadores. Portanto, agem como intermediadores dos serviços das empresas donas dos navios. Os agentes marítimos somente podem comercializar os serviços dos amadores se forem, de fato, credenciados para isso. Quando um agente marítimo é credenciado por um amador, passa a ser reconhecido como uma *agência de navegação*, tornando-se, então, responsável por suprir as necessidades materiais do navio enquanto estiver no porto em que tiver base. Também deve realizar a intermediação comercial, angariando cargas para os navios e garantindo que seguirão viagem com o máximo possível de carga. Essas empresas são consideradas o elo na relação dos armadores com as autoridades públicas e os intervenientes do processo de comércio exterior. Realizam e estabelecem relações com empresas de transporte e de armazenagem, despachantes aduaneiros, terminais portuários e operadores portuários.
Empresas de apoio e de suporte às manobras dos navios	As empresas que apoiam os navios nos momentos de chegada e de saída dos portos são fundamentais para garantir a segurança dos tripulantes e da embarcação. Os rebocadores são pequenas embarcações com motores de significativa potência e de grande capacidade de manobra utilizadas nos serviços de atracação e de desatracação de navios. Em média, essas manobras duram 60 minutos.
Armador	As empresas armadoras viabilizam o transporte marítimo de cargas em rotas nacionais e internacionais. São responsáveis por operar as embarcações e realizam a movimentação de mercadorias entre os portos. As embarcações podem ser de sua propriedade ou não. Três categorias de empresas atuam nessa área: as proprietárias das embarcações, que exploram o navio diretamente; as empresas que gerenciam e operam uma embarcação que pertence a um ou a vários proprietários; e, por fim, a empresa locatária, que recebe o poder de administrar um navio que não é de sua propriedade.

(continua)

(Quadro 6.1 – conclusão)

Parceiro comercial	Serviços prestados nos portos
Despachante aduaneiro	Empresas e profissionais denominados *despachantes aduaneiros* são responsáveis por representar os importadores, os exportadores, os transportadores e os armazéns alfandegados perante os vários órgãos intervenientes governamentais e as entidades comerciais, nos procedimentos aduaneiros, fiscais, comerciais, logísticos e tributários, com vistas à liberação aduaneira das cargas importadas e exportadas.
Empresas fornecedoras de navios, de peças e de assistência técnica	São pessoas físicas ou jurídicas que se dedicam à comercialização de peças, de materiais, de equipamentos e de demais itens consumidos pelos navios. São fundamentais nas organizações portuárias, pois auxiliam na construção de um ambiente de negócios favorável, geram comercialização e atraem e novos clientes.
Empresas de praticagem	Fornecem os serviços de praticagem e auxiliam no desenvolvimento das atividades portuárias em todo o mundo. A função do prático é fundamental, pois nem sempre os comandantes dos navios têm total conhecimento das águas próximas de um porto.
Empresas gestoras dos terminais	Os terminais são locais onde as cargas são armazenadas esperando o momento de seu embarque. Essas cargas podem também ser armazenadas pelas empresas após chegarem do exterior, aguardando o momento de remoção para os locais indicados pelo importador. As empesas proprietárias desses armazéns são responsáveis por essas mercadorias e por sua movimentação enquanto estiverem sob sua guarda.

Fonte: Elaborado com base em Santos Port Authority, 2020.

A atração de uma grande rede de parceiros auxilia a organização portuária a obter uma enorme vantagem competitiva para seu negócio. É importante considerar, ainda, que, quanto mais empresas parceiras um porto tiver, maior será a chance de obter bons clientes, já que a rede de serviços é essencial e influencia muito a escolha de um porto para as operações de exportação e de importação.

> **Para saber mais**
>
> SINDAMAR. Disponível em: <https://sindamar.com.br/>. Acesso em: 20 nov. 2021.
>
> Acesse o *site* do Sindicato das Agências de Navegação Marítima do Estado de São Paulo (Sindamar) para conhecer as principais empresas que atuam como agentes marítimos no Brasil e os serviços prestados por elas.

> **Exercício resolvido**
>
> Assinale a alternativa que apresenta a empresa portuária responsável por viabilizar o transporte marítimo de cargas em rotas nacionais e internacionais:
> a) Empresa de praticagem.
> b) Empresa armadora.
> c) Despachante aduaneiro.
> d) Empresa fornecedora de peças para o navio.
>
> **Gabarito**: B
>
> **Feedback do exercício**: As empresas armadoras viabilizam o transporte marítimo de cargas em rotas nacionais e internacionais, operando embarcações – suas ou de terceiros – e movimentando cargas.

Os aeroportos, assim como os portos, têm departamentos comerciais que tentam atrair uma robusta rede de parceiros, com vistas a obter vantagens competitivas para seus negócios. Nesse sentido, os profissionais do setor devem estar sempre atentos a formas inovadoras de criar essas vantagens, a fim de atrair novos clientes e reter os atuais.

Nos capítulos anteriores, abordamos a movimentação de cargas nos aeroportos de todo o país. Esse tipo de transporte, quando integrado aos modais rodoviário, ferroviário e marítimo, apresenta grandes oportunidades para as empresas de logística e comércio exterior.

A título de ilustração, no Aeroporto de Viracopos, em Campinas, no estado de São Paulo, ocorre uma das maiores operações de cargas do Brasil relacionada ao modal aéreo.

Nesse sentido, seu departamento comercial atua de maneira forte e robusta para atrair novos clientes, oferecendo serviços como:

> armazenagem geral de atividades logísticas de importadores e de exportadores;
> capacidade de recebimento de cargas restritas, que exigem cuidados de segurança e de segregação;
> instalações adequadas para operações de cargas vivas, que dependem de cuidados especiais;
> equipe experiente e serviço personalizado para o atendimento de operações especiais e de cargas *oversize*;
> soluções para o armazenamento de cargas em câmaras frias;
> sistema automatizado de transelevadores.

Exemplificando

A operação do Aeroporto de Viracopos abarca uma ampla estrutura, com o objetivo de garantir agilidade, segurança e eficiência à movimentação de mercadorias importadas e exportadas pelas empresas brasileiras. Isso permite que oferte serviços especializados e soluções customizadas, que possibilitam uma vantagem competitiva.

6.1.2 *Tecnologias da informação em portos e aeroportos*

Utilizar novas tecnologias voltadas às atividades portuárias e aeroportuárias é outra forma de conquistar vantagens competitivas. Nesse âmbito, enquadram-se não apenas máquinas e equipamentos, mas também tecnologias da informação para gestão de operações. Como tratamos das máquinas e dos equipamentos no Capítulo 4, abordaremos, nesta seção, o uso da tecnologia da informação nas atividades portuárias e aeroportuárias.

De acordo com Pinochet (2018, p. 15),

> A palavra "tecnologia" possui origem grega e é formada por duas palavras: "tekne", que significa "técnica", e "logos" que significa "conjunto de saberes". A tecnologia consegue permear todas as áreas do conhecimento permitindo construir e transformar o meio ambiente, com a finalidade de satisfazer as necessidades essenciais do homem. Transformando-se em fusão de arte e ciência, a tecnologia de hoje é definida como o conjunto de conhecimentos científicos encomendados, por meio do qual você pode projetar e criar bens e serviços.

Qualquer empresa, hoje, utiliza algum tipo de tecnologia em seu dia a dia, tal que cabe aos seus gestores a responsabilidade de selecionar aquelas que são ideais para sua organização. Essa escolha deve considerar alguns fatores importantes:

› o conhecimento e o preparo dos colaboradores para utilizar a tecnologia;
› os custos;
› as opiniões dos clientes sobre a tecnologia em questão;
› os benefícios da tecnologia devem superar os ônus ou malefícios.

Além disso, outros três aspectos são fundamentais para a adoção de novas tecnologias em uma organização: criatividade, invenção e inovação.

Costumeiramente, a criatividade é apontada como uma qualidade do ser humano. Em alguns casos, é vista como um talento e tem grande peso na valorização profissional. Geralmente, quanto mais criativos forem o gestor e sua equipe, mais tecnologias serão desenvolvidas e implementadas na empresa. Em uma análise ampla, Pinochet (2018, p. 16) argumenta: "as diversas manifestações criativas podem ser definidas como um processo mental que favorece a geração de novas ideias por indivíduos ou grupos inseridos em um contexto". Portanto, ser criativo é observar as mesmas coisas que os demais, mas organizá-las de uma forma diferente, agregando-lhes novos elementos.

Já a invenção, geralmente, é demorada e consome muitos recursos das organizações, motivo pelo qual nem todas investem nela. Todavia, algumas empresas implementam grandes programas de pesquisa e de desenvolvimento, garantindo, assim, invenções favoráveis a seus negócios e ao seu modelo de gestão.

A inovação, por sua vez, pode ser definida ou como a criação do novo, ou como a melhoria de um processo, proporcionado algum tipo de ganho para a organização que a promoveu, por exemplo, maior eficiência, melhoria da imagem, conquista de clientes. Conforme postulou Pinochet (2018, p. 16),

Apenas há inovação quando a nova ideia é julgada valiosa e colocada em prática. É importante frisar que nem sempre a inovação é o resultado da criação de algo novo, mas, com certa frequência é o resultado da combinação original do "novo" com o "melhorado" de ideias já existentes. Como exemplo, temos os irmãos Montgolfier que tiveram a criatividade de transformar um saco de papel aberto que flutuava sobre o fogo, em um balão, assim, esta solução tornou-se [sic] uma inovação. Em aspectos de tecnologia podemos identificar o uso da internet por diferentes setores da economia, tais como: bancos, indústria, governo, comércio, entre outros, quebrando diversos paradigmas na forma de realizar as comunicações.

Exemplificando

Muitas organizações investem em novas tecnologias para facilitar a vida de seus clientes. A companhia aérea Azul inovou na organização de suas filas antes do embarque com um sistema composto por computadores, projetores e inteligência artificial. Assim, os passageiros são orientados com projeções no chão do salão de embarque, o que torna o procedimento mais rápido, facilitando a organização dos passageiros e das empresas.

A incorporação de novas tecnologias é uma das principais tendências também nas operações portuárias e nas aeroportuárias. Nesse sentido, é importante considerar que existem alguns *softwares* que proporcionam significativa inovação para essas organizações. No Quadro 6.2, são apresentados alguns *softwares* que podem ser implementados em aeroportos.

Quadro 6.2 – **Principais softwares utilizados na gestão aeroportuária**

Nome do software	Tipo de software	Descrição
Checkpoint.Evoplus	Análise de imagens e monitoramento	O *software* de inteligência Checkpoint.Evoplus analisa dados de vários sistemas, sensores e componentes de toda uma área de triagem, para gerar uma gama completa de *insights* inestimáveis. Esses dados facilitam o monitoramento de métricas de desempenho em tempo real para uma tomada de decisão mais rápida e melhor.
Incent.view	*Software* para auxiliar no controle de acesso	"Os recursos de avaliação de imagem do Incent.view incluem zoom infinito, processamento de um único alarme, intensidade de cor e absorção de nível de cinza, e o conjunto completo de unidades de raios X baseadas em HI-TraX" (Software..., 2021).
SITA Bag Fast	Impressão de etiquetas para bagagens	O SITA Bag Fast é um *software* simples que faz apenas uma coisa: imprime etiquetas de segurança em conformidade com a IATA, quando e como forem necessárias.
		Ele permite o uso contínuo do sistema automatizado de manuseio de bagagem, eliminando os custos de armazenamento de etiquetas pré-impressas. O CUTE-certificado tem uma interface de utilizador simples e fácil de ser compreendida e está em conformidade com a Prática Recomendada IATA 1740b.
SITA Bag Manager	Sistema completo de gerenciamento de bagagem que fornece informações em tempo real	O SITA Bag Manager é um sistema de gestão e reconciliação de bagagens em tempo real. Ele ajuda as companhias aéreas, aeroportos e manipuladores de terra a rastrear e gerenciar as malas desde o *check-in* até o destino final. O SITA Bag Manager fornece funcionalidades líderes de mercado para carregamento, reconciliação, rastreamento, rastreamento e gerenciamento de operações de bagagem.
WorldTracer	Sistema global de rastreio e de correspondência de bagagem	"O WorldTracer fornece às companhias aéreas e aos operadores de terra uma solução única e global para a comunicação e para o rastreamento de bagagem perdida" (Software..., 2021).
Document Builder	Construtor de documentos	"O Document Builder destina-se à verificação expressa da autenticidade e ao exame avançado de passaportes, cartões de identificação e outros documentos de viagem, cartas de condução, certificados de registo automóvel e outros documentos relacionados com o veículo" (Software..., 2021).

(continua)

(Quadro 6.2 – conclusão)

Nome do software	Tipo de software	Descrição
GlobalTester	Teste baseado em código aberto para cartões inteligentes e para leitores de documentos	"Ferramenta de teste baseada em código aberto para cartões inteligentes e leitores de documentos" (Software..., 2021).
Jackal	Software de integração	É uma ferramenta de integração "concebida para garantir a qualidade na gestão e operação das infraestruturas aeroportuárias, apoiando o acordo empresarial entre as partes públicas e privadas envolvidas nos modelos de concessão" (Software..., 2021).
Airsight	Software de aviação e de análise de dados	"Permite a análise precisa e eficiente dos obstáculos, para garantir que estes não penetrem ou ameacem as superfícies de limitação de obstáculos definidas nas diretrizes regulamentares" (Software...., 2021).

Fonte: Elaborado com base em Software..., 2021.

Pergunta & resposta

Qual é a principal forma de conhecer as novas tecnologias nos setores portuário e aeroportuário?

Há duas maneiras pelas quais um gestor de porto ou de aeroporto pode tomar conhecimento de novas tecnologias e de inovações em seu setor. A primeira é pela realização de visitas técnicas a portos e a aeroportos mais novos e mais modernos. Assim, o gestor conhece as tecnologias utilizadas por essas empresas. A segunda ocorre por meio da participação em feiras do setor, em que as empresas fornecedoras de tecnologia apresentam seus produtos e seus serviços.

O uso de *softwares* em aeroportos atende, basicamente, a dois anseios principais: melhorar a eficiência nas atividades e garantir a segurança de passageiros, bagagens, mercadorias, colaboradores e equipamentos.

Nesse sentido, é importante compreendermos o que torna a segurança um fator estratégico da gestão das organizações aeroportuárias:

> Mas por que a segurança é tão importante em um contexto da indústria da aviação? O que a diferencia de outras indústrias? É apenas o modo de transporte e o fato de que se algo der errado, pode dar muito errado? Poderia-se [sic] responder que, aparentemente, trata-se de uma questão de confiança se analisada a retração significativa no número de viajantes por algum tempo depois dos trágicos ataques terroristas aos Estados Unidos em 11 de setembro de 2001. Desde então, medidas de segurança aumentaram em taxas exponenciais – tudo por uma questão e em nome da segurança –, e a confiança acabou sendo, em grande parte, restaurada. (Ashford et al., 2015, p. 311)

Com relação à implementação de novas tecnologias no setor portuário, também podemos listar alguns *softwares* que contribuem para a inovação (Quadro 6.3).

Quadro 6.3 – **Principais softwares utilizados na gestão portuária**

Nome do software	Tipo de software	Descrição
Smartplus Cloud	Permite visualizar os dados das tomadas E-Power em um ambiente web	"permite visualizar os dados das tomadas E-Power em um ambiente web, que pode ser consultado on-line por qualquer dispositivo equipado com um browser de web" (Softwares..., 2021).
Seawolf Software	Plataforma para gestão das condições climáticas	Um *software* que gera um monitor e que possibilita que iatistas e seus convidados tenham acesso a informações úteis. Ao mesmo tempo, permite que a marina exiba publicidade.
Qastor	*Software* de navegação	Uma aplicação de navegação, pilotagem e ancoragem que opera desde 2000.

(continua)

(Quadro 6.3 – conclusão)

Nome do software	Tipo de software	Descrição
Transas Pilot PRO	*Software* de navegação, posicionamento e aquisição de dados	Trata-se de "um aplicativo para iPad projetado para atender às necessidades de profissionais de mar profundo, de pilotos de canal e de rio e de outros profissionais e navegadores marinhos [...], ajudando-os a manter uma pilotagem eficiente e outras operações a bordo" (Softwares..., 2021).
VTMS	*Software* de gestão	Principal solução da Transas para a gestão do tráfego de embarcações – Navi-Harbour –, é um sistema de última geração projetado para garantir a segurança marítima e a eficiência da navegação, bem como para proteger o ambiente marinho e as áreas costeiras adjacentes dos possíveis efeitos adversos do tráfego marítimo. O Navi-Harbour é uma solução para portos de grande escala e de alta densidade.
3D Multimedia Training Software (MTS)	*Software* de teste de nível de segurança	"destina-se ao estudo de ferramentas técnicas e de engenharia para o fornecimento de segurança a instalações portuárias durante palestras e aulas práticas, bem como à autoformação de agentes de segurança" (Softwares..., 2021).
GoMarina	*Software* de gestão	Uma solução eficiente para o pagamento de taxas portuárias. Esse aplicativo estabelece um novo padrão de serviço, de informação e de *marketing* na indústria náutica.
Image Soft Oy	*Software* de gravação	Um sistema de gravação digital que armazena diferentes tipos de comunicação em um disco rígido: chamadas telefônicas, tráfego de rádio, sinais de microfone, faxes recebidos e mensagens de *e-mail*.
NauticSpot	*Software* para marina	"oferece soluções inovadoras de gestão portuária para a supervisão de cais em tempo real" (Softwares..., 2021).

Fonte: Elaborado com base em Softwares..., 2021.

Para saber mais

NAUTICEXPO. Disponível em: < https://www.nauticexpo.com/pt/>. Acesso em: 20 nov. 2021.

Essa é a página da principal feira do setor portuário, que concentra diversas informações sobre a gestão, as tecnologias e as soluções do setor.

6.2 Questão ambiental em portos e aeroportos

As questões ambientais são cada vez mais presentes no cotidiano de gestão de empresas portuárias e aeroportuárias. Recentemente, a expressão *Eco Friendly* – que designaria portos e aeroportos mais sustentáveis – ganhou espaço.

Essa preocupação ambiental se une à busca por uma melhora na eficiência das operações em projetos como o Porto Sem Papel (PSP), "criado para facilitar a análise e a liberação de mercadorias nos portos brasileiros. Com ele, diversos formulários em papel são convertidos em um único documento eletrônico, o Documento Único Virtual (DUV)" (Sepro, 2021). Embora carregue o termo *porto* em sua nomenclatura, essa iniciativa também é aplicada à gestão de aeroportos.

No que se refere à movimentação de cargas, portos e aeroportos têm, cada vez mais, utilizado máquinas e equipamentos que não emitem CO_2, diminuindo, assim, o impacto ambiental de suas operações.

Essa preocupação com uma atuação ambientalmente correta vem ao encontro da busca pela participação de fundos estrangeiros na gestão de portos e aeroportos. Isso porque, geralmente, esses fundos apresentam cláusulas em seus estatutos orientando minimizar o impacto ambiental em todas as empresas que receberem seus investimentos.

6.3 Indicadores de eficiência em portos e aeroportos

Indicadores para mensurar a eficiência e a eficácia de portos e aeroportos são ferramentas importantes de gestão, o que torna seu estudo fundamental.

Antes de abordarmos os indicadores no ambiente organizacional, devemos entender os conceitos de eficiência e de eficácia. Segundo Rocha e Vendrametto (2016, p. 26),

> eficácia está ligada ao bom resultado global da organização, deve-se ainda, manifestar em nível estratégico e pode-se considerar decisões ou ações eficazes como aquelas em que se fazem as coisas certas. Já a eficiência está ligada à boa utilização dos recursos disponíveis e à ideia de produtividade, então deve se manifestar em níveis tático e operacional. Pode-se também considerar que decisões ou ações eficientes são aquelas em que se fazem coisas de maneira correta.

Conhecer ambos os conceitos é importante para compreender como os indicadores podem ser empregados dentro das organizações aeroportuárias e portuárias. Além desses dois, outros conceitos fundamentais para o uso de indicadores são:

› objetivo;
› indicador;
› *key performance indicator* (KPI)
› algoritmo;
› resultado;
› meta;
› desvio;
› *performance*;
› avaliação.

Além disso, é relevante considerar que

> Os indicadores acabam [...] por assumir-se como um elemento gerador de consenso dentro da organização, já que constituem o veículo aceito por todos para a quantificação objetiva dos resultados realizados. É fácil entender as desvantagens que ocorrem quando estamos perante uma análise subjetiva efetuada por vários intervenientes relativamente ao grau de desempenho dos indicadores. Dificilmente se atingiria o consenso na análise não objetiva. Convém assim assegurar que o modelo de leitura da performance organizacional seja claro e gere o acordo de todos os intervenientes. (Caldeira, 2012, p. 8)

A aplicação correta dos conceitos relacionados aos indicadores é tão importante quanto conhecer seu uso. Os gestores devem, sempre, buscar conhecimentos para que a gestão do porto ou do aeroporto garanta bons indicadores. O Quadro 6.4 detalha como cada conceito pode ser empregado em uma organização portuária ou aeroportuária.

Quadro 6.4 – *Aplicação dos indicadores*

Conceito	Definição
Objetivo	É basicamente o meio de eleição para a comunicação das intenções estratégicas e operacionais da empresa. Os objetivos devem ser capazes de expressar com clareza um determinado intento, esclarecendo os colaboradores sobre o que a empresa pretende conseguir num determinado aspecto e num determinado período de tempo.
Indicador	Constitui a designação do instrumento de apuramento (algoritmo) do resultado.
Key Performance Indicator (KPI)	São indicadores-chave. São os indicadores eleitos como os mais importantes para a empresa. Em regra, não são mais do que 15/20 indicadores.
Algoritmo	Também é conhecido por "fórmula de cálculo". Não é mais do que a própria fórmula matemática que permite apurar o resultado registado.
Resultado	É o valor que se apura com o algoritmo. Representa um resultado alcançado pela empresa em determinado período de tempo.

(continua)

Conceito	Definição
Meta	Quantifica a ambição do objetivo. Tem por função eliminar a subjetividade, reforçar o compromisso, identificar a ambição, fomentar a melhoria contínua e promover a inovação.
Desvio	Representa a diferença entre a meta previamente estabelecida e o resultado efetivamente realizado. Pode-se apresentar em número absoluto ou em %.
Performance	É uma forma de apresentar o resultado de modo a comparar indicadores que tenham diferentes unidades de medida. Regra geral, a performance é apresentada em %, sendo 100% quando atinge a meta, <100% quando não atinge e >100% quando supera a meta.
Avaliação	Representa uma avaliação qualitativa obtida em função da performance/desvio. Por exemplo: Supera, Atinge, Em alerta e Não atinge. Permite facilitar a comunicação do nível de performance.

Fonte: Caldeira, 2012, p. 10.

Exercício resolvido

O uso de indicadores tem-se popularizado perante diferentes organizações. Nos setores de portos e de aeroportos, essa também é uma realidade. Nesse contexto, é cada vez mais importante que os gestores conheçam os principais conceitos relacionados aos indicadores. Com base nisso, assinale a alternativa que apresenta o indicador que também é conhecido como fórmula de cálculo:

a) Objetivo.
b) Algoritmo.
c) Meta.
d) Resultado.

Gabarito: B

Considerando que conhecemos sua importância geral, resta sabermos quais são os principais indicadores utilizados em portos e aeroportos.

A avaliação do desempenho e da evolução em médio e em longo prazos de uma organização portuária requer uma grande capacidade dos gestores. Portanto, é necessária "competência para mobilizar os recursos e atores envolvidos na busca de melhorias contínuas enquanto processo sistemático, permeado em toda a organização, tendo como guia os objetivos estratégicos, desmembrados para os níveis tático e operacional" (Dutra et al., 2014, p. 2).

6.3.1 Indicadores portuários

Para o setor portuário, o uso de indicadores apresenta-se como uma forma de atrair clientes, consolidar a imagem da organização e obter lucros maiores. De acordo com Porto (2019, p. 833),

> O controle dos processos em atividades portuárias torna-se indispensável ou fator primordial para controle dos custos, qualidade de serviços, viabilidade econômica, auxiliando assim a economia do país. Desta forma a criação de um sistema eficiente de avaliação de eficiência portuária através da determinação correta de indicadores de desempenho vem a contribuir para melhor desempenho dos portos e consequentemente com a cadeia logística como um todo.

A Agência Nacional de Transportes Aquaviários (Antaq), órgão de regulação e de supervisão das atividades de prestação de serviços e de exploração da infraestrutura de transportes aquaviários, estabelece uma série de indicadores relacionados às atividades portuárias. Coube à Antaq, portanto, desenvolver o Sistema Permanente de Acompanhamento de Preços e Desempenho Operacional dos Serviços Portuários, um instrumento "destinado a prover um banco de dados e informações que venha a servir como base de referência para o cálculo de indicadores operacionais e de preços, necessários à aferição da qualidade dos serviços, com vistas a dar suporte para o cumprimento às suas atribuições legais" (Antaq, 2021b).

Em suma, a finalidade desse sistema da Antaq é gerar informações que auxiliem as tomadas de decisão dos gestores públicos e privados de organizações portuárias e sirvam de ferramentas para:

§ a gestão operacional nos terminais de cada porto participante, detectando possíveis deficiências e disfunções e possibilitando ações gerenciais de diagnóstico e correção;

§ o planejamento do desenvolvimento portuário, através da disponibilização de dados de capacidades e níveis de utilização de instalações e equipamentos, detectando tendências e necessidades, com vistas ao dimensionamento adequado da expansão e melhoramento;

§ o monitoramento dos resultados decorrentes de medidas e ações estratégicas adotadas pelo Governo Federal, através do Ministério dos Transportes, Secretaria de Portos e da ANTAQ ou pelos gestores e operadores de portos e terminais;

§ o conhecimento e o controle público do desempenho e dos preços dos serviços portuários oferecidos aos usuários, permitindo a avaliação mais completa de sua qualidade e dos reflexos nos custos totais de transporte;

§ a regulação, através da ANTAQ e dos demais órgãos incumbidos legalmente dessa função, da atividade econômica de utilização de instalações e exploração portuária desenvolvida pelas autoridades portuárias e pelos diversos agentes operacionais – arrendatários de instalações, operadores portuários e outros prestadores de serviços;

§ a obtenção de padrões e parâmetros comparativos de desempenho e preços entre as diversas instalações e terminais. (Antaq, 2021b)

A seguir, detalhamos os principais indicadores mensurados pela Antaq.

Indicadores de movimentação portuária

Incluem as seguintes informações:

› tipo de instalação portuária em toneladas (privada ou pública);
› movimentações em cada porto nacional;
› mercadorias mais movimentadas nos portos nacionais;
› mapa das instalações portuárias no Brasil;
› tipos de navegação (longo curso, cabotagem, interior, apoio portuário ou apoio marítimo);
› evolução do perfil de carga.

No Gráfico 6.1, é possível observar como a Antaq apresenta os dados relacionados ao tipo de instalação portuária em termos de movimentação de cargas em toneladas.

Gráfico 6.1 – Tipo de instalação portuária em função das toneladas de cargas movimentadas, entre janeiro e agosto de 2020, e evolução em relação ao mesmo período de 2019

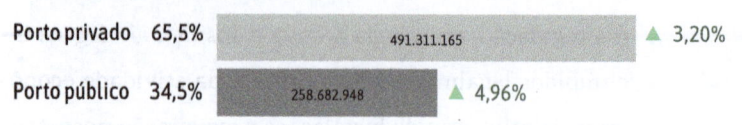

Porto privado	65,5%	491.311.165	▲ 3,20%
Porto público	34,5%	258.682.948	▲ 4,96%

Fonte: Antaq, 2021a.

No Gráfico 6.2, é possível observar outro dado que faz parte da categoria de indicadores de movimentação portuária: o tipo de navegação realizado de acordo com o volume de cargas movimentado no período.

Gráfico 6.2 – Tipo de navegação de acordo com o volume movimentado entre janeiro e agosto de 2020 e evolução em relação ao mesmo período de 2019

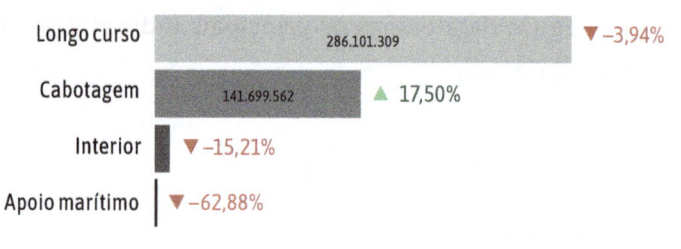

Longo curso	286.101.309	▼ –3,94%
Cabotagem	141.699.562	▲ 17,50%
Interior		▼ –15,21%
Apoio marítimo		▼ –62,88%

Fonte: Antaq, 2021a.

O Gráfico 6.3 esquematiza os perfis de carga, em toneladas, que foram transportados no período pelos portos nacionais.

Gráfico 6.3 – Tipos de carga de acordo com o volume movimentado entre janeiro e agosto de 2020 e evolução em relação ao mesmo período de 2019

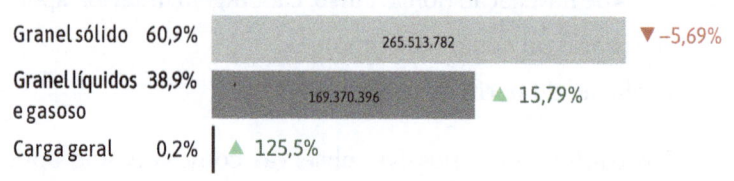

Granel sólido	60,9%	265.513.782	▼ –5,69%
Granel líquidos e gasoso	38,9%	169.370.396	▲ 15,79%
Carga geral	0,2%		▲ 125,5%

Fonte: Antaq, 2021a.

Frota brasileira

Para esse grupo de indicadores, a Antaq mensura os seguintes dados:

› evolução da frota de navios com bandeira brasileira;
› autorizações vigentes por ano;
› evolução da idade média da frota brasileira em ano;
› idade média da frota por outorga;
› frota cabotagem e longo curso;
› tipo de embarcação.

O Gráfico 6.4 expõe a divisão da frota brasileira em relação ao tipo de navegação.

Gráfico 6.4 – **Demonstrativo de divisão da frota brasileira entre 2010 e 2020**

Ano	Cabotagem/LC	Apoio portuário	Apoio marítimo
2010	31%	60%	9%
2011	32%	60%	8%
2012	32%	61%	7%
2013	32%	61%	8%
2014	29%	61%	10%
2015	27%	63%	10%
2015	26%	63%	10%
2017	26%	64%	10%
2018	25%	65%	10%
2019	25%	65%	10%
2020	25%	66%	10%

■ Cabotagem/LC
■ Apoio portuário
■ Apoio marítimo

Fonte: Antaq, 2021a.

No Gráfico 6.5, podemos verificar a evolução da idade média da frota de embarcações brasileiras utilizadas na navegação de cabotagem.

Gráfico 6.5 – *Idade média da frota de cabotagem brasileira entre 2010 e 2020*

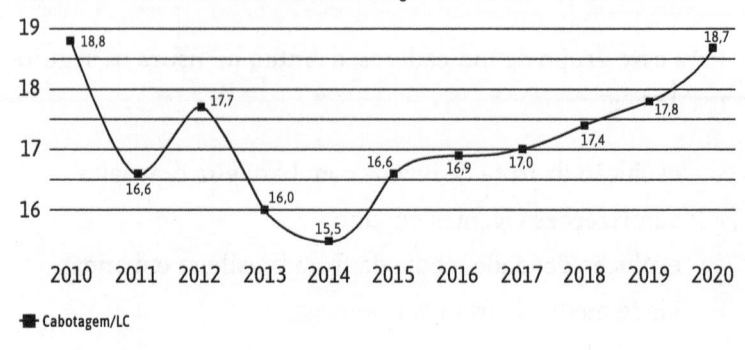

Ano	2010	2011	2012	2013	2014	2015	2016	2017	2018	2019	2020
Cabotagem/LC	18,8	16,6	17,7	16,0	15,5	16,6	16,9	17,0	17,4	17,8	18,7

Fonte: Antaq, 2021a.

Indicadores financeiros

Apresentam algumas informações financeiras referentes às tarifas arrecadas pela Antaq nas movimentações marítimas.

No Gráfico 6.6, é possível observar as receitas tarifárias obtidas com a atracação entre janeiro e agosto de 2020.

Gráfico 6.6 – *Receitas tarifárias obtidas por atracação*

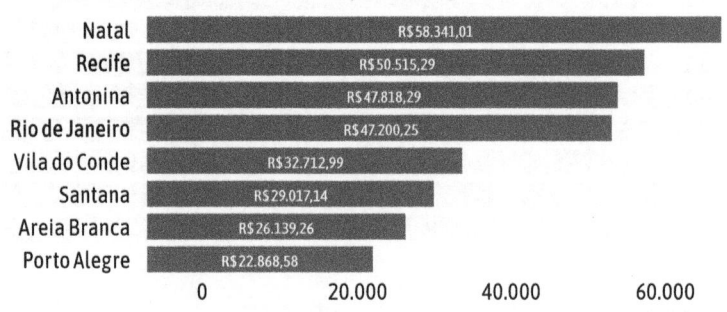

Natal	R$ 58.341,01
Recife	R$ 50.515,29
Antonina	R$ 47.818,29
Rio de Janeiro	R$ 47.200,25
Vila do Conde	R$ 32.712,99
Santana	R$ 29.017,14
Areia Branca	R$ 26.139,26
Porto Alegre	R$ 22.868,58

Fonte: Antaq, 2021a.

Os dados levantados e divulgados pela Antaq possibilitam que os gestores compreendam como suas organizações se comportam, estabeleçam comparações temporais e acessem as informações de outras organizações portuárias.

Para saber mais

ANTAQ – Agência Nacional de Transportes Aquaviários. **Anuário**. Disponível em: <http://web.antaq.gov.br/anuario/>. Acesso em: 20 nov. 2021.

Conheça mais informações disponibilizadas pela Antaq em seu anuário de indicadores da atividade portuária, divulgado em tempo real para todos os interessados.

6.3.2 Indicadores aeroportuários

Os aeroportos também contam com indicadores que auxiliam seus gestores na compreensão de sua eficiência e de sua eficácia.

De acordo Périco, Santana e Rebelatto (2017, p. 380),

> Desde 2006, ano em que ocorreu a liberalização tarifária do setor [aeroportuário], o brasileiro passou a viajar mais de avião. Antes desse período, não estavam em evidência os gargalos das infraestruturas aeroportuárias. Somente a partir desse ano foram identificadas as deficiências existentes.

O aumento do uso dos aeroportos tornou ainda mais importante que suas operações fossem mensuradas por bons indicadores. A Empresa Brasileira de Infraestrutura Aeroportuária (Infraero) elabora e divulga alguns indicadores acerca da movimentação de cargas e de passageiros nos aeroportos brasileiros. Nesse sentido, destaca-se o Ranking de Eficiência Logística, divulgado mensalmente.

De acordo com a Infraero (2021b),

> No Ranking, as empresas têm a oportunidade de mensurar, a partir dos tempos divulgados, o desempenho de todos os envolvidos nos processos de importação, incluindo seus prestadores de serviço, entre eles: Agentes de Carga, Despachantes Aduaneiros e Transportadores Rodoviários, uma vez que, para a eficiência na liberação de suas cargas, é necessário que todos os prestadores desempenhem seu respectivo papel de forma mais eficiente possível, sem que comprometa a atuação das demais empresas envolvidas.
>
> Para a obtenção dos tempos médios por importador, são considerados os embarques nacionalizados no aeroporto e liberados por meio do canal verde do referido mês. A qualificação dos importadores para a disputa pelos melhores tempos fica condicionada ao movimento mínimo de cinco embarques mensais.

Para saber mais

INFRAERO – Empresa Brasileira de Infraestrutura Aeroportuária. **Guia Infraero Cargo**. 3. ed. Brasília, 2012. Disponível em: <https://www4.infraero.gov.br/media/674358/guia-cargo-3%C2%AA-edicao.pdf>. Acesso em: 20 nov. 2021.

A Infraero divulga alguns documentos sobre as operações realizadas nos aeroportos brasileiros. Entre eles, destacamos o *Guia Infraero Cargo*, que apresenta a sistemática adotada em sua rede de terminais de logística de carga (rede Teca), envolvendo os processos de importação, exportação, carga nacional, remessa expressa *courier* e outros serviços.

A Agência Nacional de Aviação Civil (Anac) também é responsável por divulgar alguns indicadores relevantes para o setor aeroportuário brasileiro. Entre os dados divulgados anualmente pela Anac, estão:

> evolução da quantidade de voos – mercados doméstico e internacional;
> variação na quantidade de voos com relação ao ano anterior – mercados doméstico e internacional;
> participação dos 20 principais aeroportos na quantidade de decolagens – mercado doméstico;
> quantidade de decolagens por região (milhares) – mercado doméstico;
> quantidade de decolagens por milhares de habitantes por região – mercado doméstico;
> participação das quatro maiores empresas aéreas no setor;
> aeroportos utilizados por empresas – mercado doméstico;
> evolução do número de voos realizados – mercado internacional;
> variação do número de voos realizados por nacionalidade da empresa – mercado internacional;
> participação de mercado das maiores empresas em termos de voos realizados – mercado internacional;
> variação na quantidade de voos realizados pelas maiores empresas – mercado internacional;
> quantidade de voos entre Brasil e outros países, por continente;
> quantidade de voos realizados entre o Brasil e os 20 principais destinos internacionais;
> participação de mercado das maiores empresas;

› evolução da quantidade de passageiros pagos transportados – mercados doméstico e internacional;
› evolução da quantidade de carga paga e de correio transportados – mercados doméstico e internacional;
› evolução do número de passageiros pagos transportados – mercado doméstico;
› variação nos passageiros pagos transportados com relação ao mesmo mês do ano anterior – mercado doméstico;
› participação das quatro maiores empresas em passageiros pagos transportados – mercado doméstico.

Considerando a amplitude de informações dos indicadores apresentados pela Anac, os gestores aeroportuários têm uma ótima oportunidade de avaliar seu setor e de conhecer dados particulares de sua operação.

Para saber mais

ANAC – Agência Nacional de Aviação Civil. **Dados do Anuário do Transporte Aéreo**. Disponível em: <https://www.gov.br/anac/pt-br/assuntos/dados-e-estatisticas/mercado-de-transporte-aereo/anuario-do-transporte-aereo/dados-do-anuario-do-transporte-aereo>. Acesso em: 20 nov. 2021.

Anualmente, a Anac divulga o Anuário do Transporte Aéreo do Brasil, documento que reúne vários indicadores do setor para subsidiar a gestão das organizações aeroportuárias. Acesse o *link* indicado para consultar os anuários divulgados a partir de 1972.

Com o intuito de ilustrar como alguns dados do setor aeroportuário se comportam, apresentaremos, a seguir, alguns indicadores levantados pela Anac no Anuário do Transporte Aéreo de 2019.

No Gráfico 6.7, podemos observar a distribuição dos profissionais que atuam nas empresas aéreas de acordo com seus cargos.

Gráfico 6.7 – *Proporção de empregados por categoria nas empresas aéreas brasileiras em 2019*

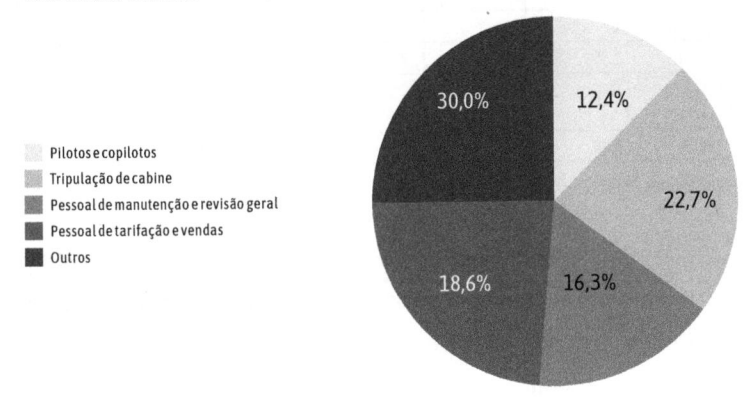

- Pilotos e copilotos
- Tripulação de cabine
- Pessoal de manutenção e revisão geral
- Pessoal de tarifação e vendas
- Outros

30,0% | 12,4% | 22,7% | 16,3% | 18,6%

Fonte: Anac, 2019, p. 8.

Os gestores das organizações aeroportuárias precisam conhecer os tipos de aeronaves que realizam a maior parte do transporte aéreo no Brasil. Portanto, os dados apresentados na Tabela 6.1 podem auxiliar na execução dessa tarefa e proporcionar algumas reflexões sobre como preparar as estruturas aeroportuárias para cada companhia aérea e para cada tipo de aeronave.

Tabela 6.1 – **Distribuição de modelos de aeronave pelas empresas aéreas**

Empresa	Airbus	ATR	Boeing	Embraer	CESSNA	Total
Azul	50	33	2	65	0	150
Connect	0	0	2	0	0	2
Gol	0	0	136	0	0	136
Absa	0	0	4	0	0	4
Modern	0	0	4	0	0	4
Omni	0	1	0	0	0	1
Avianca	44	0	0	0	0	44
Two	0	0	0	0	15	15
MAP	0	5	0	0	0	5
Passaredo	0	7	0	0	0	7
Sideral	0	0	15	0	0	15
Latam	135	0	37	0	0	172
Total Linhas	0	1	3	0	0	4
Total	**229**	**47**	**203**	**65**	**15**	**559**

Fonte: Anac, 2019, p. 10.

Conhecer a quantidade de voos e os mercados doméstico e internacional contribui, também, para que as organizações aeroportuárias possam prever o comportamento do consumidor e suas opções de viagem e traçar estratégias com vistas a aumentar o fluxo de passageiros em suas operações.

O volume de voos realizados por aeroporto e a quantidade de passageiros auxiliam gestores e profissionais a compreender como o mercado se comporta. Com base nas informações presentes no Gráfico 6.8, a seguir, podemos concluir que um bom fluxo de passageiros demanda voos para os seguintes aeroportos: Aeroporto de Guarulhos, em São Paulo; Aeroporto de Congonhas, em São Paulo; Aeroporto de Brasília, no Distrito Federal; Aeroporto de Campinas (Viracopos), em São Paulo; e Aeroporto de Belo Horizonte (Confins), em Minas Gerais.

Gráfico 6.8 – **Participação dos 20 principais aeroportos na quantidade de decolagens – mercado doméstico, em 2019**

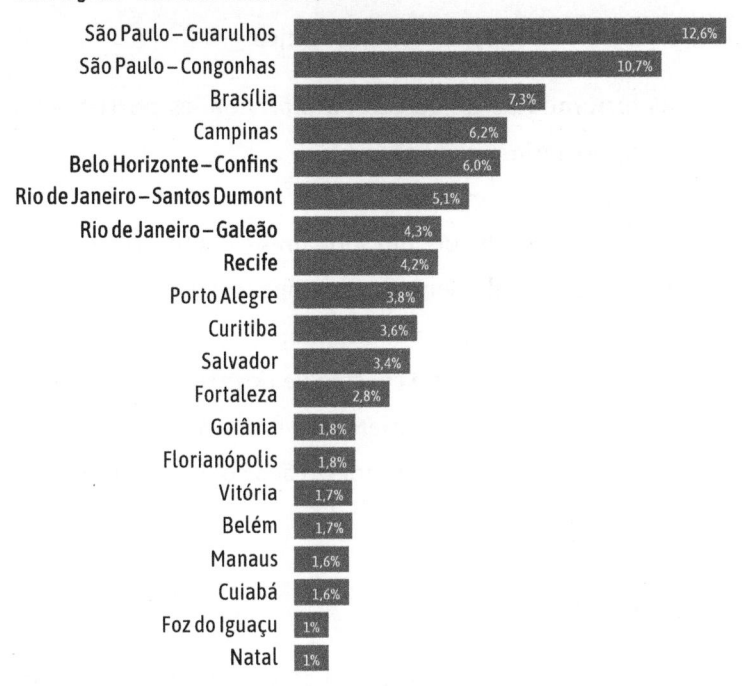

Aeroporto	%
São Paulo – Guarulhos	12,6%
São Paulo – Congonhas	10,7%
Brasília	7,3%
Campinas	6,2%
Belo Horizonte – Confins	6,0%
Rio de Janeiro – Santos Dumont	5,1%
Rio de Janeiro – Galeão	4,3%
Recife	4,2%
Porto Alegre	3,8%
Curitiba	3,6%
Salvador	3,4%
Fortaleza	2,8%
Goiânia	1,8%
Florianópolis	1,8%
Vitória	1,7%
Belém	1,7%
Manaus	1,6%
Cuiabá	1,6%
Foz do Iguaçu	1%
Natal	1%

Fonte: Anac, 2019, p. 18.

A análise das informações de portos e de aeroportos é fundamental para que os gestores possam acompanhar a evolução de suas operações e buscar aprimorá-las. Além de utilizar dados, informações e indicadores mensurados por órgãos públicos, como a Anac, a Antaq e a Infraero, é importante que gestores e organizações desenvolvam seus próprios indicadores, a fim de individualizar a análise considerando as condições internas da própria empresa.

Síntese

No decorrer deste capítulo, discutimos:

> as ferramentas de gestão para atividades portuárias e aeroportuárias;
> a pesquisa de mercado;
> as principais soluções em *softwares* e em tecnologias que podem ser implementadas nas operações de portos e de aeroportos no Brasil e no mundo;
> o uso de indicadores na gestão de portos e de aeroportos;
> os principais dados, números e informações reunidos nos indicadores mensurados por órgãos como Infraero, Anac e Antaq.

Estudo de caso

Carlos Alberto Silva é o profissional responsável pelo departamento comercial do Aeroporto Internacional da cidade de Oiapoque, uma estrutura aeroportuária das mais modernas do país, que oferece diversos serviços a seus clientes.

Após uma grande expansão nas atividades do aeroporto, surgiram algumas oportunidades comerciais:

> O aeroporto tem 1.000 m² de área disponível para instalação de lojas de lembrancinhas para os passageiros no embarque doméstico.
> O aeroporto tem 3.000 m² de área disponível para instalação de restaurantes e cafeterias para os passageiros no desembarque doméstico.
> O aeroporto tem 3.000 m² de área disponível para instalação de lojas de lembrancinhas para os passageiros no embarque internacional.

> O aeroporto tem 1.000 m² de área disponível para instalação de restaurantes e cafeterias para os passageiros no desembarque internacional.
> O aeroporto tem 53 *slots*, que são os direitos de pousar e decolar em aeroportos, para serem oferecidos às empresas aéreas que atuam no mercado nacional.
> O aeroporto tem 83 *slots* para serem oferecidos a empresas aéreas que atuam no mercado internacional.
> O aeroporto tem, ainda, um estacionamento para ser oferecido para a administração de uma empresa privada, com a possibilidade de 4.000 vagas simultâneas.

Considerando essas oportunidades e uma recente reforma ocorrida no Aeroporto Internacional da cidade de Oiapoque, quais seriam os possíveis clientes de Carlos Alberto Silva e de seu departamento comercial?

Resolução

Carlos Alberto e os profissionais do departamento comercial analisaram todas as oportunidades comerciais que surgiram após a reforma do Aeroporto Internacional da cidade de Oiapoque e levantaram as seguintes possibilidades:

> O aeroporto tem uma área para instalação de lojas de lembrancinhas para os passageiros no embarque doméstico. Nesse caso, a equipe comercial deve buscar parceiros comerciais interessados em atuar nesse espaço, especialmente pequenas empresas do ramo.
> O aeroporto tem uma área para instalação de restaurantes e de cafeterias para os passageiros no desembarque doméstico. Nesse caso, a equipe comercial deve buscar parceiros comerciais interessados em atuar nesse espaço,

priorizando grandes empresas, como redes de *fast food*, cafeterias e lojas de alimentos.

› O aeroporto tem uma área para instalação de lojas de lembrancinhas para os passageiros no embarque internacional. Nesse caso, a equipe comercial deve buscar parceiros comerciais interessados em atuar nesse espaço, especialmente pequenas empresas do ramo.

› O aeroporto tem uma área para instalação de restaurantes e de cafeterias para os passageiros no desembarque internacional. Nesse caso, a equipe comercial deve buscar parceiros comerciais interessados em atuar nesse espaço, priorizando grandes empresas, como redes de *fast food*, cafeterias e lojas de alimentos.

› O aeroporto tem 53 *slots* para serem oferecidos às empresas aéreas que atuam no mercado nacional. Nesse caso, a equipe comercial deve buscar empresas que atuam nesse mercado, como Gol, Azul e Latam.

› O aeroporto tem 83 *slots* para serem oferecidos às empresas aéreas que atuam no mercado internacional. Nesse caso, a equipe comercial deve buscar empresas que atuam nesse mercado, como Gol, Azul, Latam, Delta Airlines, American Airlines, Avianca e Emirates.

› O aeroporto tem, ainda, um estacionamento para 4.000 vagas simultâneas. Nesse caso, a equipe comercial deve buscar empresas que administram estacionamentos em aeroportos, como Estapar, Parebem e Indigo Estacionamentos.

Considerações finais

A gestão de serviços e de operações portuárias e aeroportuárias apresenta inúmeras especificidades que precisam ser consideradas pelos gestores e pelos profissionais que atuam diretamente na área.

Nesse contexto, analisamos os principais conceitos aplicados à gestão de portos e de aeroportos, bem como apresentamos os principais órgãos internacionais que determinam as normas e orientam as legislações desses setores.

Também abordamos as diversas nuances da organização do trabalho portuário e os principais preceitos constitucionais de proteção ao trabalhador. Seguindo essa linha de raciocínio, tratamos das principais funções dos trabalhadores nas organizações aeroportuárias, assim como dos principais órgãos reguladores do setor e suas normas.

Evidenciamos, ainda, as tecnologias, as máquinas e os equipamentos utilizados na gestão de portos e aeroportos.

Os gestores de empresas portuárias e aeroportuárias devem buscar sempre adotar a mais alta tecnologia em suas operações, a fim de melhorar seu desempenho e garantir serviços de maior qualidade com o menor custo possível.

Na sequência, examinamos as ferramentas de gestão disponíveis para as operações de portos e de aeroportos, com ênfase para os principais recursos utilizados e os principais conceitos relacionados à gestão de processos no ambiente organizacional.

Por fim, analisamos as tecnologias, os sistemas e os indicadores de gestão para portos e aeroportos, destacando os principais *softwares* utilizados no setor.

Com base nesses aportes, acreditamos que esta obra se configura como um importante subsídio teórico a respeito da gestão de portos e aeroportos, podendo municiar tanto a academia quanto o mercado profissional.

Referências

ABEAR – Associação Brasileira das Empresas Aéreas. **Como é a formação de um piloto de linhas aéreas?** 29 abr. 2019. Disponível em: <https://www.abear.com.br/imprensa/agencia-abear/noticias/como-e-a-formacao-de-um-piloto-de-linha-aereas/>. Acesso em: 20 nov. 2021.

ADPF – Associação Nacional dos Delegados de Polícia Federal. **Por dentro da PF**: Exercer as funções de Polícia Aeroportuária. 19 maio 2014. Disponível em: <http://www.adpf.org.br/adpf/admin/painelcontrole/materia/materia_portal.wsp?tmp.edt.materia_codigo=6695#.YSziZo5KjtQ>. Acesso em: 20 nov. 2021.

AGENTE de carga. **Portogente**: o mundo mais ágil. 1º jan. 2016. Portopédia. Disponível em: <https://portogente.com.br/portopedia/84649-agente-de-carga>. Acesso em: 20 nov. 2021.

AGUIAR, A. B.; MARTINS, G. A. A teoria das estruturas organizacionais de Mintzberg e a gestão estratégica de custos: um estudo nas ONGs paulistas. **Revista Contabilidade & Finanças**, São Paulo, v. 17, n. esp., p. 51-64, set. 2006. Disponível em: <https://www.scielo.br/j/rcf/a/5cRt3Wk6xrmWdbMhXQYwMkK/?format=pdf&lang=pt>. Acesso em: 20 nov. 2021.

ANAC – Agência Nacional de Aviação Civil. **Aeródromos**. 2018. Disponível em: <https://www.anac.gov.br/acesso-a-informacao/dados-abertos/areas-de-atuacao/aerodromos>. Acesso em: <https://www.anac.gov.br/acesso-a-informacao/dados-abertos/areas-de-atuacao/aerodromos>. Acesso em: 20 nov. 2021.

ANAC – Agência Nacional de Aviação Civil. **Anuário do Transporte Aéreo – 2019**. Brasília, 2019. Disponível em: < https://www.gov.br/anac/pt-br/assuntos/dados-e-estatisticas/anuario/2019.zip>. Acesso em: 20 nov. 2021.

ANAC – Agência Nacional de Aviação Civil. **Organismos Internacionais da Aviação Civil**. 2017. Disponível em: https://www.anac.gov.br/A_Anac/internacional/publicacoes/plano-de-atuacao-internacional-1/c-plano-de-atuacao-internacional-2017/02.pdf. Acesso em: 20 nov. 2020.

ANAC – Agência Nacional de Aviação Civil. **Organização da Aviação Civil Internacional (Oaci)**. 7 mar. 2016. Disponível em: <https://www.gov.br/anac/pt-br/assuntos/internacional/organismos-internacionais/organizacao-da-aviacao-civil-internacional-oaci>. Acesso em: 20 nov. 2021.

ANTAQ – Agência Nacional de Transportes Aquaviários. **Anuário**. Disponível em: <http://web.antaq.gov.br/anuario/>. Acesso em: 20 nov. 2021a.

ANTAQ – Agência Nacional de Transportes Aquaviários. **O que é o Sistema Desempenho Portuário**. Disponível em: <http://web.antaq.gov.br/Portal/DesempenhoPortuario/OQuee.htm>. Acesso em: 20 nov. 2021b.

ANUÊNCIA do Mapa. **Invest & Export Brasil: Guia de Comércio Exterior e Investimento**. Disponível em: <http://www.investexportbrasil.gov.br/anuencia-do-mapa?>. Acesso em: 20 nov. 2021.

ASHFORD, N. J. et al. **Operações aeroportuárias**: as melhores práticas. Tradução de Christiane de Brito Andrei, Patrícia Helena Freitag. Porto Alegre: Bookman, 2015.

BALBINO, F. Autoridade Portuária de Santos repassa R$ 117,8 milhões ao Portus. **A Tribuna**, 25 jun. 2020. Disponível em: <https://www.atribuna.com.br/noticias/portoemar/autoridade-portu%C3%A1ria-de-santos-repassa-r-117-8-milh%C3%B5es-ao-portus-1.106321>. Acesso em: 20 nov. 2021.

BARBANTE, L. A. J. et al. Estratégias de marketing e vantagem competitiva: estudo de caso das vendas de seminovos da concessionária Toyopar em Londrina-PR. In: SIMPÓSIO DE EXCELÊNCIA E GESTÃO EM TECNOLOGIA, 9., 2012, Resende. **Anais...** Resende: Associação Educacional Dom Bosco, 2012. Disponível em: <https://www.aedb.br/seget/arquivos/artigos12/47716326.pdf>. Acesso em: 20 nov. 2021.

BENEFÍCIOS e recursos. **Sany do Brasil.** Reach stacker – SRSC45C2. Disponível em: <https://sanydobrasil.com/portfolio-item/srsc45c2/>. Acesso em: 20 nov. 2021.

BERNARDI, L. A. **Manual de plano de negócios**: fundamentos, processos e estruturação. 2. ed. São Paulo: Atlas, 2019.

BIAGIO, L. A.; BATOCCHIO, A. **Plano de negócios**: estratégia para micro e pequenas empresas. 2. ed. Barueri: Manole, 2012.

BOARD Offshore Cranes – BOS. **Liebherr no Brasil.** Disponível em: <https://www.liebherr.com/pt/bra/produtos/guindastes-maritimos/guindastes-offshore/onboard-offshore-cranes/onboard-offshore-cranes.html>. Acesso em: 20 nov. 2021.

BRASIL. Constituição (1988). **Diário Oficial da União**, Brasília, 5 out. 1988. Disponível em: <http://www.planalto.gov.br/ccivil_03/constituicao/constituicao.htm>. Acesso em: 20 nov. 2021.

BRASIL. Decreto n. 9.861, de 25 de junho de 2019. **Diário Oficial da União**, Poder Executivo, Brasília, 26 jun. 2019. Disponível em: <http://www.planalto.gov.br/ccivil_03/_Ato2019-2022/2019/Decreto/D9861.htm>. Acesso em: 20 nov. 2021.

BRASIL. Decreto-Lei n. 5.452, de 1º de maio de 1943. **Diário Oficial da União**, Poder Executivo, Rio de Janeiro, 9 ago. 1943. Disponível em: <http://www.planalto.gov.br/ccivil_03/decreto-lei/del5452.htm>. Acesso em: 20 nov. 2021.

BRASIL. Justiça e Segurança. **Embarcar armado**. Disponível: <https://www.gov.br/pt-br/servicos/embarcar-armado>. Acesso em: 20 nov. 2021.

BRASIL. Lei n. 12.815, de 5 de junho de 2013. **Diário Oficial da União**, Poder Legislativo, Brasília, 5 jun. 2013. Disponível em: <http://www.planalto.gov.br/ccivil_03/_ato2011-2014/2013/lei/l12815.htm>. Acesso em: 20 nov. 2021.

BRASIL. Lei n. 13.475, de 28 de agosto de 2017. **Diário Oficial da União**, Poder Legislativo, Brasília, 29 ago. 2017. Disponível em: <http://www.planalto.gov.br/ccivil_03/_ato2015-2018/2017/lei/l13475.htm >. Acesso em: 20 nov. 2021.

BRASIL. Lei n. 5.764, de 16 de dezembro de 1971. **Diário Oficial da União**, Poder Legislativo, Brasília, 16 dez. 1971. Disponível em: <http://www.planalto.gov.br/ccivil_03/leis/l5764.htm>. Acesso em: 20 nov. 2021.

BRASIL. Lei n. 8.213, de 24 de julho de 1991. **Diário Oficial da União**, Poder Legislativo, Brasília, 25 jul. 1991. Disponível em: <http://www.planalto.gov.br/ccivil_03/leis/l8213cons.htm>. Acesso em: 20 nov. 2021.

BRASIL. Ministério da Agricultura, Pecuária e Abastecimento. Instrução Normativa n. 32, de 23 de setembro 2015. **Diário Oficial da União**, Poder Executivo, Brasília, 24 set. 2015. Disponível em: < https://www.in.gov.br/web/guest/materia/-/asset_publisher/Kujrw0TZC2Mb/content/id/32869033/do1-2015-09-24-instrucao-normativa-n-32-de-23-de-setembro-de-2015-32868831>. Acesso em: 20 nov. 2021.

BRASIL. Ministério do Trabalho e Emprego (MTE). Secretaria de Inspeção do Trabalho. **Manual do trabalho portuário e ementário**. Brasília: MTE; SIT, 2001.

BUENO, S. Portos brasileiros: quais os principais. **Fazcomex**. Disponível em: https://www.fazcomex.com.br/blog/portos-brasileiros-quais-os-principais/. Acesso em: 20 nov. 2021.

CALDEIRA, J. **100 Indicadores da Gestão**. Coimbra: Conjuntura Actual, 2012.

CARVALHO, A. Confira os salários das principais profissões na indústria portuária. **O Petróleo**, 13 dez. 2019. Disponível em: <https://www.opetroleo.com.br/confira-os-salarios-das-principais-profissoes-na-industria-portuaria/>. Acesso em: 20 nov. 2021.

CHRISTOPHER, M. **Logística e gerenciamento da cadeia de suprimentos**: criando redes que agregam valor. Tradução de Mauro de Campos Silva. 2. ed. São Paulo: Cengage Learning, 2009.

CIAGA – Centro de Instrução Almirante Graça Aranha. Marinha do Brasil. **EFOMM – Escola de Formação de Oficiais da Marinha Mercante**. Disponível em: <https://www.marinha.mil.br/ciaga/aefomm>. Acesso em: 20 nov. 2021.

DEGASPERI, B. Z.; ZILLI, J. C.; VIEIRA, A. C. P. Modelos de gestão pública e privada na administração portuária de Santa Catarina. In: Mostra de Iniciação Científica, Pós-Graduação, Pesquisa e Extensão do Programa de Pós-Graduação – Universidade de Caxias do Sul, 16., 2016. **Anais...**, Caxias do Sul, UCS, 2016. Disponível em: <http://www.ucs.br/etc/conferencias/index.php/mostraucsppga/xvimostrappga/paper/viewFile/4677/1559>. Acesso em: 20 nov. 2021.

DORNELAS, J. **Planos de negócios**: exemplos práticos. 2. ed. São Paulo: Empreende, 2018.

DUTRA, A. et al. Indicadores de avaliação do desempenho portuário: uma análise a partir da literatura científica. In: Encontro ANPAD, 38., 2014. **Anais...**, Rio de Janeiro, 2014. Disponível em: < http://www.anpad.org.br/admin/pdf/2014_EnANPAD_ESO1776.pdf>. Acesso em: 20 nov. 2021.

EMBALAGEM e Paletes. **Portogente**: o mundo mais ágil, 01 jan. 2016. Portopédia. Disponível em: <https://portogente.com.br/portopedia/embalagem-e-paletes/72876>. Acesso em: 20 nov. 2021.

EMBALAGENS primárias e secundárias: conceito e relação com o meio ambiente. **Pensamento Verde**, 15 set. 2017. Disponível em: <https://www.pensamentoverde.com.br/meio-ambiente/embalagens-primarias-e-secundarias-conceito-e-relacao-com-o-meio-ambiente-2/>. Acesso em: 20 nov. 2021.

EMPRESA Brasileira de Infraestrutura Aeroportuária – Infraero. **Portal Brasileiro de Dados Abertos**. Disponível em: <https://dados.gov.br/organization/about/empresa-brasileira-de-infraestrutura-aero portuaria-infraero>. Acesso em: 20 nov. 2021.

EQUIPAMENTOS de segurança para aeroportos. **Revista O Empreiteiro**, 2012. Disponível em: <https://revistaoe.com.br/equipamentos-de-seguranca-para-aeroportos/>. Acesso em: 20 nov. 2021.

ESALQ-LOG – Grupo de Pesquisa e Extensão em Logística Agroindustrial. **Projeto Benin**. São Paulo: Esalq-Log/USP, 2014. Produto 3: Mensuração das ineficiências logísticas no agronegócio paranaense. Disponível em: <https://issuu.com/sistemafaep/docs/projeto_benin_-_produto_3_2014.04.1/64>. Acesso em: 20 nov. 2021.

ESCADA de Passageiros Rebocável. **Rucker**: transformando movimentação em solução. Disponível em: <https://rucker.ind.br/produto/escada-se-passageiros-rebocavel/>. Acesso em: 20 nov. 2021.

FERREIRA, A. B. H. **Novo dicionário da língua portuguesa**. Rio de Janeiro: Nova Fronteira, 1986.

FIUZA, E. P. S.; PIONER, H. M. **Estudo econômico sobre regulação e concorrência no setor de aeroportos**. Rio de Janeiro: Anac, 2009. Disponível em: <https://www2.anac.gov.br/arquivos/pdf/estudosregulatorios.pdf>. Acesso em: 20 nov. 2021.

GONÇALVES, S. S. **Modelos de exploração do mercado de aeroportos no Brasil**. Brasília: Câmara dos Deputados, 2010. Disponível em: <http://bd.camara.leg.br/bd/bitstream/handle/bdcamara/4685/modelo_exploracao_goncalves.pdf?sequence=1>. Acesso em: 20 nov. 2021.

GRU – Aeroporto Internacional de São Paulo. [**Relatório operacional 2019**]. Disponível em: <https://www.gru.com.br/pt/RelatorioOperacional/2019-12.pdf>. Acesso em: 20 nov. 2021.

GUINDASTE COM mecanismo de basculamento da lança – RL. **Liebherr no Brasil**. Disponível em: <https://www.liebherr.com/pt/bra/produtos/guindastes-maritimos/guindastes-offshore/guindaste-com-mecanismo-de-basculamento-da-lanca/guindaste-com-mecanismo-de-basculamento-da-lanca.html>. Acesso em: 20 nov. 2021.

GUINDASTE OFFSHORE montado sobre mastro – MTC. **Liebherr no Brasil**. Disponível em: <https://www.liebherr.com/pt/bra/produtos/guindastes-maritimos/guindastes-offshore/guindaste-offshore-montado-sobre-mastro-%E2%80%93-mtc/guindaste-offshore-montado-sobre-mastro-%E2%80%93-mtc.html>. Acesso em: 20 nov. 2021.

GUINDASTES NAVAIS COM ELEVAÇÃO da lança através de cilindros – CBW. **Liebherr no Brasil**. Disponível em: <https://www.liebherr.com/pt/bra/produtos/guindastes-maritimos/guindastes-navais/guindastes-navais-com-cilindro-hidraulico-para-lanca/guindastes-navais-com-cilindro-hidraulico-para-lanca-de-bordo.html>. Acesso em: 20 nov. 2021.

GUINDASTES NAVAIS COM PROJETO especial. **Liebherr no Brasil.** Disponível em: <https://www.liebherr.com/pt/bra/produtos/guindastes-maritimos/guindastes-navais/guindastes-de-projeto-especial/guindastes-de-projeto-especial.html>. Acesso em: 20 nov. 2021.

HELMS, M. M.; NIXON, J. Exploring SWOT analysis: where are we now? – a review of academic research from the last decade. **Journal of Strategy and Management**, v. 3, n. 3, p. 215-251, 10 Aug. 2010. Disponível em: <https://www.emerald.com/insight/content/doi/10.1108/17554251011064837/full/html?skipTracking=true>. Acesso em: 20 nov. 2021.

HIRATA, T. Privatização do Porto de Santos gera preocupações. **Valor Econômico**, 28 set. 2020. Empresas. Disponível em: <https://valor.globo.com./empresas/noticia/2020/09/28/privatizacao-do-porto-de-santos-gera-preocupacoes.ghtml>. Acesso em: 20 nov. 2021.

IATA – The International Air Transport Association. **Vision and Mission**. 2020. Disponível em: <https://www.iata.org/en/about/mission/>. Acesso em: 20 nov. 2021.

ICAO – International Civil Aviation Organization. **Doc 7600/8**: Standing Rules of Procedure of the Assembly of the International Civil Aviation Organization. 8. ed. Montreal: Icao, 2014. Disponível em: <https://www.icao.int/publications/Documents/7600_8ed.pdf>. Acesso em: 20 nov. 2021.

ICAO – International Civil Aviation Organization. **Doc 8632**: Icao's Policies on Taxation in the Field of International Air Transport. 3. ed. Montreal: Icao, 2000. Disponível em: <https://www.icao.int/publications/Documents/8632_3ed_en.pdf>. Acesso em: 20 nov. 2021.

ICAO – International Civil Aviation Organization. **Doc 8984/AN/895**: Manual of Civil Aviation Medicine. 3. ed. Montreal: Icao, 2012a. Disponível em: <https://www.icao.int/publications/Documents/8984_cons_en.pdf>. Acesso em: 20 nov. 2021.

ICAO – International Civil Aviation Organization. **Doc 9082**: ICAO's Policies on Charges for Airports and Air Navigation Services. 9. ed. Montreal: Icao, 2012b. Disponível em: <https://www.icao.int/publications/Documents/9082_9ed_en.pdf>. Acesso em: 20 nov. 2021.

ICAO – International Civil Aviation Organization. **Doc 9562**: Airport Economics Manual. 3. ed. Montreal: Icao, 2013. Disponível em: <https://www.icao.int/publications/Documents/9562_3ed_en.pdf>. Acesso em: 20 nov. 2021.

ILO – International Labour Organization. **How the ILO works**. Disponível em: <https://www.ilo.org/global/about-the-ilo/how-the-ilo-works/lang en/index.htm>. Acesso em: 20 nov. 2021.

IMO – International Maritime Organization. **Introduction to IMO**. Disponível em: <https://www.imo.org/en/About/Pages/Default.aspx>. Acesso em: 20 nov. 2021.

INFRAERO – Empresa Brasileira de Infraestrutura Aeroportuária. Portal da transparência. **Governança corporativa**. Disponível em: <https://transparencia.infraero.gov.br/governanca-corporativa/>. Acesso em: 20 nov. 2021a.

INFRAERO – Empresa Brasileira de Infraestrutura Aeroportuária. **Sobre o programa de eficiência**. Disponível em: <https://transparencia.infraero.gov.br/governanca-corporativa/>. Acesso em: 20 nov. 2021b.

ISO – International Standard Organization. **Standards**. Disponível em: <https://www.iso.org/standards.html>. Acesso em: 20 nov. 2021.

ITF – International Transport Workers' Federation. **Our achievements**. Disponível em: <https://www.itfglobal.org/en/about-us/our-achievements>. Acesso em: 20 nov. 2021.

ITU – International Telecommunication Union. **About International Telecommunication Union**. Disponível em: <https://www.itu.int/en/about/Pages/default.aspx>. Acesso em: 20 nov. 2021.

KEEDI, S. McLean e o Contêiner: a reinvenção da roda. **Diário do Comércio**, 23 jan. 2015. Disponível em: <https://dcomercio.com.br/categoria/opiniao/mclean-e-o-conteiner-a-reinvencao-da-roda>. Acesso em: 20 nov. 2021.

KUMAR, S.; HOFFMANN, J. Globalisation: the Maritime Nexus. In: GRAMMENOS, C. (Ed.) **The Handbook of Maritime Economics and Business**. Londres: Routledge, 2006. p. 35-62.

LABTRANS – Laboratório de Transportes e Logística. **Plano mestre do Complexo Portuário do Rio de Janeiro e Niterói**. Florianópolis: UFSC, 2019. v. 1. Disponível em: <https://antigo.infraestrutura.gov.br/images/2019/Documentos/plano_mestre/RIO-NTR-REL-VF_Vol_1.pdf>. Acesso em: 20 nov. 2021.

LIMA, S. M. et al. Estrutura organizacional das empresas vinculadas à incubadora de base tecnológica da Universidade de Fortalece: uma análise sob a perspectiva de Mintzberg. **REGE: Revista de Gestão**, São Paulo, v. 21, n. 3, p. 305-324, jul./set. 2014. Disponível em: <https://www.sciencedirect.com/science/article/pii/S1809227616301862>. Acesso em: 20 nov. 2021.

MACIEL, R. H. et al. Análise da dinâmica do trabalho portuário: estudo comparativo entre os portos do Mucuripe e do Pecém, no Ceará. **Revista Brasileira de Saúde Ocupacional**, v. 40, n. 132, p. 170-182, 2015. Disponível em: <https://www.scielo.br/j/rbso/a/VXdScnhsnXP7FbkDWLLfLtC/?lang=pt&format=pdf>. Acesso em: 20 nov. 2021.

MAGIOLI, F. S. O trabalhador portuário avulso. **Web Artigos**, 1 jun. 2008. Disponível em: <https://www.webartigos.com/artigos/o-trabalhador-portuario-avulso/6558>. Acesso em: 20 nov. 2021.

MILANI, P. et al. Análise da relação entre modelo de gestão portuária e eficiência em portos de contêineres. **Revista Gestão Industrial**, Ponta Grossa, v. 11, n. 2, p. 1-25, 2015. Disponível em: <https://periodicos.utfpr.edu.br/revistagi/article/view/1956>. Acesso em: 20 nov. 2021.

MINTZBERG, H. **Criando organizações eficazes**: estruturas em cinco configurações. São Paulo: Atlas, 2015.

MONTE, G. A.; BARSANO, P. R. Legislação empresarial, trabalhista e tributária. São Paulo: Érica, 2014.

MOVIMENTAÇÃO portuária. **WebPortos**. Disponível em: <https://webportos.labtrans.ufsc.br/Brasil/Movimentacao>. Acesso em: 20 nov. 2021.

NOBRE, M.; ROBLES, L. T.; SANTOS, F. R. dos. A gestão logística dos contêineres vazios como fator de produtividade do comércio internacional. In: SIMPÓSIO DE ENGENHARIA DE PRODUÇÃO, 12., 2005. **Anais...**, Bauru, Unesp, 2005. Disponível em: <https://simpep.feb.unesp.br/anais/anais_12/copiar.php?arquivo=Nobre_M_A_gestao_logistica_dos.pdf>. Acesso em: 20 nov. 2021.

PAOLESCHI, B. **Cipa**: guia prático de segurança do trabalho. São Paulo: Érica, 2009.

PÉRICO, A. E.; SANTANA, N. B.; REBELATTO, D. A. N. Eficiência dos aeroportos internacionais brasileiros: uma análise envoltória de dados com bootstrap. **Gestão & Produção**, São Carlos, v. 24, n. 2, p. 370-381, 2017. Disponível em: <https://www.scielo.br/pdf/gp/v24n2/0104-530X-gp-0104-530X1810-15.pdf>. Acesso em: 20 nov. 2021.

PIERDOMENICO, F. **Audiência Pública**: Comissão de Agricultura e Reforma Agrária, Comissão de Serviços de Infraestrutura – Senado Federal. Brasília, 29 jun. 2010. Disponível em: <http://www.senado.gov.br/comissoes/ci/ap/AP20100629_Fabrizio_Pierdomenico.pdf>. Acesso em: 20 nov. 2021.

PINOCHET, L. H. C. **Tecnologia da informação e comunicação**. São Paulo: Campus, 2018.

PORTO DE SANTOS. **Plano de cargos comissionados e funções de confiança**. Santos, 2020. Disponível em: <http://www.portodesantos.com.br/wp-content/uploads/pccfc-2.pdf>. Acesso em: 20 nov. 2021.

PORTO, S. L. Z. Avaliação da eficiência portuária: sistema de medição de desempenho (SMD). **Revista Gestão & Sustentabilidade Ambiental**, Florianópolis, v. 8, n. 1, p. 832-847, jan./mar. 2019. Disponível em: <http://www.portaldeperiodicos.unisul.br/index.php/gestao_ambiental/article/view/7178/4351>. Acesso em: 20 nov. 2021.

PRADELLA, S.; FURTADO, J. C.; KIPPER, L. M. **Gestão de processos**: da teoria à prática. São Paulo: Atlas, 2016.

REBOCADOR TA-4422. **Rucker**: transformando movimentação em solução. Disponível em: <https://rucker.ind.br/produto/rebocador-ta-4422/>. Acesso em: 20 nov. 2021.

REDINZ, M. A. **Contratos trabalhistas na prática**. São Paulo: Saraiva Educação, 2019.

ROCHA, A.; VENDRAMETTO, O. **Seleção de indicadores de eficiência da competitividade industrial brasileira**. São Paulo: Blucher, 2016.

SANTOS PORT AUTHORITY. **Outros agentes passam a utilizar Requisição de Serviços online**. 20 maio 2020. Disponível em: <https://www.portodesantos.com.br/2020/05/20/outros-agentes-passam-a-utilizar-requisicao-de-servicos-on-line>. Acesso em: 20 nov. 2021.

SANTOS PORT AUTHORITY. **Plano estratégico 2019-2023**: metas, programas e ações para o período. 2019. Disponível em: <http://www.portodesantos.com.br/wp-content/uploads/plano_estrategico_2019_2023.pdf>. Acesso em: 20 nov. 2021.

SANTOS, A. S.; ROBLES, L. T. Análise do perfil das cargas gerais movimentadas no Porto do Itaqui. In: CUTRIM, S. S.; ROBLES, L. T.; PEREIRA, N. N. (Org.). **Tópicos estratégicos portuários**. São Luís: EDUFMA, 2015. v. 1. p. 19-44.

SEPRO – Serviço Federal de Processamento de Dados. **Porto sem Papel**. Disponível em: <http://intra.serpro.gov.br/linhas-negocio/catalogo-de-solucoes/solucoes/principais-solucoes/porto-sem-papel>. Acesso em: 20 nov. 2021.

SILVA, M. L.; REZENDE, M. E. T. **Rotinas trabalhistas**: legislação e práticas para gestão de pessoas. 2. ed. São Paulo: Érica, 2016.

SINDICOMIS – Sindicato dos Comissários de Despachos, Agentes de Carga e Logística do Estado de São Paulo. **Credenciamento aeroportuário**. 20 maio 2019. Disponível em: <http://www.sindicomis.com.br/noticia/credenciamento-aeroportuario>. Acesso em: 20 nov. 2021.

SOFTWARE para aeroporto. **AeroExpo**. Disponível em: <https://www.aeroexpo.online/pt/fabricante-aeronautico/software-aeroporto-2010.html>. Acesso em: 20 nov. 2021.

SOFTWARES de gestão para marinas e portos. **NauticExpo**. Disponível em: <https://www.nauticexpo.com/pt/cat/movimentacao-barcos/softwares-gestao-marinas-portos-AC-1171.html>. Acesso em: 20 nov. 2021.

SOUZA, C. B. P. de. Landlord Port: O que é isso?. **Portogente**: O Mundo Mais Ágil, 29 maio 2020. Disponível em: <https://portogente.com.br/portopedia/112308-landlord-port-o-que-e-isso>. Acesso em: 20 nov. 2021.

STOPFORD, M. **Maritime economics**. 2. ed. Londres: Routledge, 2004.

STUCHI, V. H. N. **Prática trabalhista**. 6. ed. Rio de Janeiro: Forense; São Paulo: Método, 2019.

THE WORLD BANK. Framework for port reform. In: THE WORLD BANK. **Port reform toolkit**. 2. ed. Washington: World Bank, 2007. p. 1-20.

TST – Tribunal Superior do Trabalho. **Constituição de 1988 consolidou direitos trabalhistas. Justiça do Trabalho**. Disponível em: <http://www.tst.jus.br/noticias/-/asset_publisher/89Dk/content/constituicao-de-1988-consolidou-direitos-dos-trabalhadores>. Acesso em: 20 nov. 2021.

UNIDADES de abastecimento. **Rucker**: transformando movimentação em solução. Disponível em: <https://rucker.ind.br/produtos/aero portuarios/unidades-de-abastecimento/>. Acesso em: 20 nov. 2021.

VIEIRA, J.; FIALHO, G. O. M. Modernização da gestão portuária e planejamento operacional integrado. In: CONGRESSO INTERNACIONAL DE DESEMPENHO PORTUÁRIO, 5., 2018, Florianópolis. **Anais...**, Campinas, Galoá, 2018. Disponível: <https://proceedings.science/cidesport/cidesport-2018/papers/modernizacao-da-gestao-portuaria-e-planejamento-operacional-integrado->. Acesso em: 20 nov. 2021.

VILLELA, T. M. A. **Estrutura para exploração de portos com autoridades portuárias privadas**. 2013. 188 f. Tese (Doutorado em Transportes) – Universidade de Brasília, Brasília, 2013. Disponível em: <https://repositorio.unb.br/bitstream/10482/15457/1/2013_ThaisMariade AndradeVillela.pdf>. Acesso em: 20 nov. 2021.

YOSIMOTO, V. et al. A lógica atual do setor aeroportuário brasileiro. **Revista do BNDES**, n. 45, p. 243-292, jun. 2016. Disponível em: <https://web.bndes.gov.br/bib/jspui/bitstream/1408/9394/2/7%20-%20A%20l%C3%B3gica%20atual%20do%20setor%20aeroportu%C3%Alrio%20brasileiro_P.pdf>. Acesso em: 20 nov. 2021.

Bibliografia comentada

CAIANA, D. S. **Proteções das instalações portuárias**. São Paulo: Sicurezza, 2012.

Esse livro contribui para a criação de um plano de segurança nas organizações portuárias, considerando as particularidades do contexto brasileiro e o crescente destaque do país no comércio internacional.

CONSTANTE, J. M. **Introdução ao planejamento portuário**. São Paulo: Aduaneiras, 2016.

Essa obra de Constante et al. aborda diversas ferramentas que auxiliam os gestores durante a elaboração de seu Plano Nacional de Logística Portuária (PNLP) e detalha casos relevantes sobre o tema. Entre os frutos do PNLP, está o fato de apresentar um caráter estratégico para as organizações.

RIBEIRO, E. **A causa do gargalo portuário no Brasil.** São Paulo: Author, 2018.

Essa obra descreve como a não adoção de estatísticas utilizadas pela Organização das Nações Unidas (ONU) e alguns de seus membros pelo Brasil produz gargalos logísticos no setor portuário brasileiro.

ROJAS, P. R. A. **Introdução à logística portuária e noções de comércio exterior.** São Paulo: Bookman, 2014.

Em seu livro, Rojas traz uma série de conceitos fundamentais para compreender como a logística se comporta e como ela influencia os processos decisórios dos gestores de diferentes organizações, especialmente no setor portuário.

WELLS, A.; YOUNG, S. **Aeroportos**: planejamento e gestão. São Paulo: Bookman, 2014.

Administrar uma organização aeroportuária exige recursos não apenas em obras de engenharia, mas também no conhecimento e no treinamento de pessoas que efetivamente farão com que o negócio funcione. Diante disso, a leitura dessa obra é fundamental, pois auxilia no planejamento e na gestão de aeroportos, sendo indispensável para profissionais da aérea.

Sobre o autor

Johny Henrique Magalhães Casado é mestre em Ciências Contábeis pela Universidade Estadual de Maringá (UEM) e, atualmente, é aluno regular do mestrado em Ciências Sociais da mesma instituição. É graduado em Administração e Ciências Contábeis também pela UEM e em Administração com habilitação em Comércio Exterior pelo Centro Universitário de Maringá. Tem pós-graduação *lato sensu* em Recursos Humanos e Meio Ambiente pela Universidade Cândido Mendes, em Gestão Pública pela Universidade Estadual de Ponta Grossa (UEPG) e em Gestão Comercial pela Fundação Getulio Vargas (FGV). Em 2016, foi aluno não regular da disciplina de Relações Internacionais e América Latina no Mestrado em Ciências Sociais e da disciplina de Organizações, Estratégia e Institucionalização no Mestrado em Ciências Contábeis da UEM. É Técnico de Relações com o Mercado da Faculdade do Serviço Nacional de Aprendizagem Comercial (Senac) de Maringá. Também tem experiência nas áreas financeira e comercial, em recursos humanos, em comércio exterior, em vendas e em *marketing*.

Os papéis utilizados neste livro, certificados por instituições ambientais competentes, são recicláveis, provenientes de fontes renováveis e, portanto, um meio **respons**ável e natural de informação e conhecimento.

FSC
www.fsc.org
MISTO
Papel produzido
a partir de
fontes responsáveis
FSC® C103535

Impressão: Reproset
Fevereiro/2023